JEAN LE BON

MORALISTE DU XVIe SIÈCLE

PUBLIÉ PAR A. BENOIT

CONSEILLER A LA COUR DE PARIS

Ancien correspondant du Ministère de l'Instruction publique
et de la Société des Antiquaires de France.

Tiré à 300 exemplaires sur papier vergé.

NOTICE

SUR

JEAN LE BON

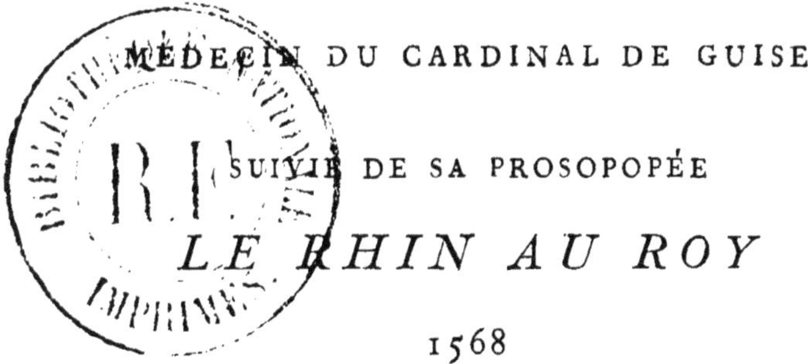

MÉDECIN DU CARDINAL DE GUISE

SUIVIE DE SA PROSOPOPÉE

LE RHIN AU ROY

1568

PARIS

MARTIN, SUCCESSEUR D'AUBRY

1879

AU LECTEUR BENÉVOLE

Le Bon nous dit dans ses *Adages :*

> *Faicts ton livre comme il faut*
> *Et laisse-le à tout assaut.*

Nous avons, suivant son expression pittoresque, *relimé* notre *livre ;* mais est-ce à dire que nous l'ayons *fait comme il faut ?* Assurément non. Cependant nous l'avons écrit en conscience et dans une intention louable : celle de ressusciter un moraliste qui, à bon droit, a pris fièrement les noms de *Probus* et de *Solon de Vosge.* En effet, tout en respectant profondément la Religion et la Royauté, il aime le peuple de toute sa raison et de tout son cœur. Il y a plus de trois siècles qu'il anathématisait publiquement ses oppresseurs, en proclamant avec énergie, sous un gouvernement absolu, l'égalité des Français devant la loi. C'est assurément un des plus anciens et des plus hardis précurseurs des sages Réformateurs de 1789.

A. BENOIT.

ŒUVRES DIVERSES DE J. LE BON

1. *La Physionomie du grand philosophe* Aristote, c'est-à-dire la science de juger de quelle vie et complexion est un chacun. — Paris, R. Masselin, 1553, in-8°.

2. *Therapia Puerperarum, per Johannem Le Bon, Hetropolitanum, medicum.* — Parisiis, Jacobus du Puys, 1554, in-16. Ce traité est dédié à Jean Liébaut, qui le fit réimprimer, en 1577, dans son *Thesaurus Sanitatis.* Il a été encore reproduit à Francfort, avec la *Praxis Medica* de Jacques Hollier; et aussi dans les *Gyneciorum libri* d'Israel Spachius.

3. *Oroison ou Invective contre les Poëtes confrères de Cupidon et Rithmailleurs Françoys de nostre temps, par Jean Nobel.* — Rouen, 1554.

4. *Galien : D'alaigrir le corps. Interprété en françoys, par* Jean Le Bon. — Paris, E. Groulleau, 1556, in-16.

5. *Galien : Que les mœurs de l'Ame suivent la complexion du Corps.* — Paris, G. Guillard, 1556.

6. *La Physionomie d'Adamant, sophiste,* interprétée par J. Le Bon; avec un Livre des *Nèves* ou verrues naturelles. — Paris, G. Guillard, 1556, petit in-8°. Cornarius a publié à Bâle, en 1544, une version latine du texte grec d'Adamant; et c'est cette version que Le Bon a mise en français.

7. *Lucien : De la Beaulté.* Traduit par J. Le Bon. — Paris, 1557.

8. *Dialogue du Coural.* — Paris, Vve N. Chrestien, 1557.

9. *Dialogue de l'Antre de Mercure.* — Épître de Le Bon à ses amis, touchant la Liberté Parisienne. — Paris, P. Gautier, 1557. — In-16.

10. *Philippique de Jean Macer, contre les poëtastres et rymailleurs françois de nostre temps.* — Paris, Guillard, 1557. — Dans cette première Philippique, Le Bon en promet *onze autres qui seront en bref achevées,* mais qui, sans doute, n'ont pas vu le jour.

11. *Adages Françoys recueillis par J. Le Bon, Hetropolitain,* avec une dédicace *A Ma Damoyselle de Saint-Remy.* — Paris, P. Gauthier, 1557, gr. in-16 de 58 feuillets. (Édition originale.)

12. *Le Rhin au Roy, par le Médecin de Monseigneur le Cardinal de Guyse.* — Paris, D. du Pré, 1568, petit in-8°. C'est cet opuscule que Le Bon lui-même appelle, en d'autres publications postérieures, *Franconymia, Gallonymia* et *Rhenopeia.*

13. *Étymologicon Françoys de l'Hétropolitain*, dédié *A Mgr le Cardinal de Guise*. — Paris, D. du Pré, 1571, petit in-8° de 28 feuillets numérotés. — Dans son traité des *Bains de Plombières* (chap. x), Le Bon a promis une seconde édition de l'Étymologicon; mais il ne paraît pas l'avoir donnée.

14. *Le Tumulte de Bassigni; appaisé et esteinct par... Monseigneur le Cardinal de Lorraine; ensemble la reprise du Chasteau de Choiseul par l'armée du Roy*, etc., par J. Le Bon, Hétropolitain, médecin de Mgr le Cardinal de Guyse. — Lyon, Benoist Rigaud, et Paris, D. du Pré, 1573, petit in-8 (16 feuillets). — Le Bon termine ainsi cet opuscule : « En la seconde édition, les chefs et conducteurs « de l'armée seront mis selon leur dignité et « rang. » Mais il n'a pas tenu sa promesse. Cependant (le docteur Bougard nous l'apprend) *Le Tumulte de Bassigny* a été réimprimé, de nos jours, dans les *Archives curieuses de l'histoire de France* (t. VIII, série 1) et dans le *Trésor des Pièces rares et curieuses de la Champagne, publié par Carnandet* (1863, Livraison 1re). — Après le mot FINIS, qui clôt cet opuscule, on lit dans l'édition originale : *Caetera in Le Bon, Hetropolitani, Belli Sacri Historiâ*. Mais cette histoire, si elle a été composée, n'a sans doute pas vu le jour.

15. *Des Bains de Bourbonne-les-Bains*, 1574. — Nous ne connaissons aucun exemplaire de cette édition originale, mentionnée par Le Bon lui-même, en

1576, dans son traité des *Bains de Plombières*. Mais l'auteur a reproduit (en vingt-deux pages) son opuscule, dans *Le Bastiment*, etc., de Champier (Lyon, B. Rigaud, 1590). Cependant *La Croix du Maine*, *Du Verdier* et, après eux, *Brunet*, n'en font aucune mention.

16. *Abbrégé de la Propriété des Bains de Plommières* (Plombières, en Lorraine), extraict des *Trois livres latins* de Jean Le Bon, Hétropolitain, médecin du Roy et de M. le Cardinal de Guise. — Paris, Ch. Macé, 1576, in-16. Dans cette édition originale, Le Bon en promet une *seconde*, augmentée ; et il est fort regrettable que cette promesse ne se soit pas réalisée. Mais le traité a été, de nos jours, reproduit, à Remiremont, par les soins de L. Jouve (Épinal, Peyrou, 1869, in-16). Cet érudit vosgien y a joint une intéressante *Préface*, une *Traduction des passages latins* et un *Glossaire-Index*. — En son traité des Bains de Plombières, Le Bon nous apprend qu'il a composé : 1° un livre *De la Peste ;* 2° un livre *De la Chirurgie des coups de guerre*, intitulé *De Sclopetis*. Il ajoute : « *J'ay* (expliqué) *en mes poëmes* (sans doute ses *trois livres latins*) *comme le corps n'est basti que de quatre éléments.* »

17. *Adages et Proverbes de Solon de Vosge, par l'Hétropolitain*, etc. — Paris, N. Bonfons, SANS DATE (1577) et sans chiffres de pages, in-16. C'est la

seconde édition, laquelle était annoncée, en 1576, dans le traité des *Bains de Plombières (in fine)* sous ce titre : *Adages et proverbes* de SALOMON (au lieu de *Solon*) *de Vosge*. Mercier de Saint-Léger, en ses notes marginales *manuscrites* sur un exemplaire des *Bibliothèques Françoises* de La Croix du Maine et Du Verdier (édition en 6 vol. in-4° de 1772), dit que les *Adages* ont eu une *troisième* édition en 1616 ; mais il ne la décrit pas ; et elle nous est inconnue. — En son Épître à Baïf (signée *Apollinaire Le Bon*) qui précède la *Troisièsme* partie des *Adages*, Le Bon mentionne deux opuscules de sa façon, savoir : 1° un traité *De Veteri Gallorum Religione ;* 2° un *Poëme latin où* (dit-il) *j'ay allaubigné* (alambiqué) *ce que jamais j'ay amassé de fleurs.*

18. *Advertissement du Médecin de Mgr le Cardinal de Guise à P. Ronsard, touchant sa Franciade.* — *Lyon, B. Rigaud ;* et *Paris, D. du Pré ;* 1578, in-8°.

19. *L'Origine et Invention de la Rhyme, par J. Le Bon, médecin du Roy ;* Lyon, B. Rigaud, 1582, in-8° (27 pages numérotées). Ce n'est peut-être qu'une deuxième édition. En effet, l'auteur y dit, sous la date de 1574, antérieure de huit ans : *Si hoc opusculum bonis fore intellexero gratum, dabo operam ut correctius et tersius, cum supplemento, in lucem redeat.* En outre cet opuscule était annoncé, dès 1576, par l'auteur, dans son traité

des *Bains de Plombières (in fine)* comme devant être *mis en lumière dedans brefs jours.*

20. *Bérose*, Chaldéen : Traduction des cinq livres de ses *Antiquités.*

21. *Galien :* De la Mutation du Corps et de l'Ame.

22. *Galien :* De connoître les Affections de l'Esprit et d'y remédier.

23. *L'Oroison d'Isocrates* touchant la louange d'*Hélène.*

24. *Polémon* (dit le Périégète, philosophe grec).

25. *La Hiérarchie de Paradis.*

26. *Recueil d'Épitaphes latins de monuments antiques, extraicts de la forest appelée le* CEMETIÈRE DES SARRAZINS, *à Coiffi-le-Hault*, sur les Vosges (*Bains de Plombières*, chap. III).

27. *La Grammaire Françoyse.*

28. *Paradoxe de la Langue Françoyse.*

29. *Histoire de France.* « Je ne sçais (dit *La Croix du Maine*) si elle est bien avancée. »

Il est à croire que ces dix dernières œuvres françaises de Le Bon, non datées, qui *n'étaient pas encore en lumière* quand, en 1584, La Croix du Maine publia sa *Bibliothèque Françoyse*, n'ont pas été imprimées depuis lors. *Quant aux OEuvres latines* (dit ce bibliographe), *j'en ferai mention autre part.* Mais il n'en a rien dit que nous sachions.

NOTICE

SUR

JEAN LE BON

MÉDECIN DU CARDINAL DE GUISE

---

§ 1.

JEAN LE BON est né au commencement du xvie siècle, dans les Vosges, à Autreville (village près de Chaumont-en-Bassigny), dont il a lui-même tiré irrégulièrement son surnom d'*Hétropolitain*. Ami des Muses, il se donne le prénom d'*Apollinaire*, en signant une épître au poète Jean-Antoine Baïf. Et quand il veut, dans une certaine mesure, rester inconnu, il se cache tant bien que mal sous les pseudonymes de *Solon de Vosge*, de *Macer (le Maigre?)*, de NOBEL (anagramme de LE BON). Enfin un auteur le désigne ainsi : *Joannes* PROBUS, *Heteropolitanus*.

Il a publié de nombreux ouvrages, parmi lesquels nous citons tout d'abord, à cause de sa profession, deux traités sur les *Bains de Borbonne* (Bourbonne) et sur les *Bains de Plommières* (Plombières), datés de 1574 et 1576 et dédiés, savoir : le premier, à Geoffroy de Saint-Belin, abbé de la Creste (près Chaumont), qui devint évêque de Poitiers, en 1579; le second, à la Reine (Louise de Vaudemont, femme de Henri III).

Sur le titre de chacun de ces traités, il prend la qualité de *Médecin du Roy;* et en outre, dans le dernier, il signe *Vostre très humble et obéissant serviteur, subject et fidèle médecin,* la dédicace *à la Royne,* en lui disant, dans son naïf orgueil : « S'il plaist à la « Majesté Royale m'employer à l'histoire et à mon « estat, je feray peut-estre beaucoup de choses qu'au- « tres ne feront pas. » Il était d'ailleurs attaché, en la même qualité de médecin, à la personne de Louis Ier de Lorraine, archevêque de Sens et cardinal de Guise, comme le mentionnent, en leur titre, plusieurs de ses opuscules, tels que : *Le Rhin au Roy, L'Etymologicon Françoys, Le Tumulte de Bassigni* et le traité des *Bains de Plombières.* Et même le titre de ce dernier ouvrage porte cumulativement *Médecin du Roy et de Monsieur le cardinal de Guise.* Enfin Le Bon signe son traité des *Bains de Bourbonne : Miromontii amanuensis R. et Illust. Card. Gusiani.* Ce mot *amanuensis,* emprunté à Suétone, signifie *scribe* ou *secrétaire* (*à manu servus*). Il a le même sens sur le titre d'une autre plaquette, imprimée à Basle en 1553 : *Effigies Des. Erasmi Roterodami, litterarum principis* et *Gilberti Cognati, ejus amanuensis.* En effet, Gilbert Cousin était secrétaire d'Érasme.

En 1571, dans la dédicace de son *Etymologicon,* Le Bon dit lui-même qu'il est vieux et qu'il a usé son âge dans la pratique de la médecine. Il ajoute, en 1574, dans la dédicace de son traité sur les *Bains de Bourbonne :* « Si plusieurs me surpassent en richesses et biens, tant « plus les devanceray-je en variété d'escrits et poësie, « où j'ay distillé mon cerveau et gaigné des poils gris « avant le temps, vaquant à mes négoces et petits privez « affaires plus par acquis qu'autrement. » En 1576, dédiant la *seconde* partie de ses *Adages* à Pierre de Ronsard, l'illustre chef de la pléiade poétique française, Le Bon s'exprime ainsi : « A tant verras, Ronsard, que le « médecin estant en Vosge, sur les montaignes, arborissant plantes rares et incognues, a trouvé la source de « nostre rythme, où tu es le prince entre les Gaulois. »

Dans son traité des *Bains de Bourbonne*[1], en 1574,

1. Quoi qu'on en ait pu prétendre, c'est bien en 1574 qu'a paru, pour la première fois, le traité des *Bains de Bourbonne.* En effet, Le Bon dit lui-même, en 1576, dans son traité des *Bains de Plombières* (chap. IX) : « Les Gouttes... se guérissent à Borbonne-les- « Bains, comme plus amplement l'ay démonstré en un *livre imprimé* « de la faculté et vertus d'iceux. » Ce traité des *Bains de Bourbonne* a été plus tard reproduit dans le livre de Claude Champier, intitulé *Le Bastiment, érection et fondation des villes et citez assises ès trois Gaules, etc., le tout reveu et augmenté par J. Le Bon, médecin du Roy.* (Lyon, Benoist Rigaud, 1590, in-16, p. 176-199.)

Ajoutons, pour les Foréziens nos compatriotes, qu'il y a, dans ce petit livre de Champier, quelques lignes intéressantes sur l'eau minérale de Saint-Galmier (*Baldomerus*). Voici, en son entier, cette courte notice, écrite par le médecin Symphorien Champier, né à Saint-Symphorien (Rhône), et traduite en français par Claude, son fils. Elle est intitulée : *De la fontaine que l'on dict Fontfort en Forezt,* et elle est ornée, en tête, d'une petite vignette gravée sur bois. « Fontfort est une fontaine, en une ville de Forest dicte Sainct- « Galmier, de laquelle tous les habitans du lieu boivent. Ladicte fon il avait dit : « J'en parle comme sçavant, les ayant « practiquez, par l'espace de vingt ans entiers et plus ; « ensemble ceux de Plommières (Plombières), qui ne « cèdent rien à ceux de Luc (Lucques, en Italie) ; ce que « je vous feray apparoistre, aydant Dieu le Créateur, « qui me réserve à meilleure chose, ainsi que j'en ay la « foy et ferme espérance. » Il annonçait ainsi, deux ans d'avance, son traité des *Bains de Plombières*, où il nous dit tout d'abord qu'il a volontiers composé ce livre, « y estant enhorté des médecins de la cour, et « prié des plus célèbres de ceux de Paris, de grands sei- « gneurs, de gentils-hommes et autres infinis ». Il ajoute, dans l'épître à la Reine, qui précède son traité des *Bains de Plombières :* « Je suis le premier qui a com- « mencé à practiquer les dictes eaues et à les mettre « en lumière, ayant esté marry de voir ces divines fon- « taines, par faute d'une plume, demeurer incognues,

« taine est hors la ville, dans une petite chapelle dicte saincte Cathe- « rine. Et combien que tousjours est *bouillante* (bouillonnante), jet- « tant grosses bullules, néantmoins l'eaue d'icelle est grandement « froide et claire comme cristal, picquante sus la langue quand on « la boit. Si que, la meslant avec du vin, tu ne peux appercevoir, « au gouster, qu'au dit vin y ait aulcune eaue, si tu ne bois incon- « tinent que tu l'y auras versée. Et qu'est chose merveilleuse, aul- « cune chair n'en peut estre bouillie, car incontinent l'eaue yst (sort) « du pot; et le pain, *qui en est faict*, est par trop tost levé. Par « quoy n'est bonne ladicte eaue de Fontfort, sinon à boire seulement. « Et par le bénéfice d'icelle eaue, les habitans de Sainct-Galmier, ja- « mais ou peu, sont prins de fièvre continue. »

L'eau de Saint-Galmier, froide et saturée de gaz acide carbonique, devient, quand on la mêle au vin, une boisson digestive des plus agréables. Aussi la trouve-t-on aujourd'hui sur toutes les tables, en concurrence avec l'eau de Seltz.

« jusques à présent, entre ceux mêmes qui veulent sçavoir « et monstrer ce qui se faict soubs le Pol Antartique[1]. »

Outre ce qu'il nous en apprend lui-même çà et là, on sait bien peu de choses de Le Bon. La Croix du Maine, son contemporain, termine ainsi une trop courte notice sur ses œuvres : « Je discourrai amplement, autre « part, de la vie de Jean Le Bon, pour beaucoup de « raisons ; car il a fait parler de lui, en son tems, pour « beaucoup d'occasions dignes de remarque. » Mais la mort a empêché La Croix du Maine d'achever sa tâche ; et le Forézien Antoine Du Verdier n'a pas rempli cette regrettable lacune. Chacun de ces deux bibliographes donne une liste des œuvres de Le Bon ; toutefois ces deux listes sont, l'une et l'autre, incomplètes. En effet, La Croix du Maine dit de notre auteur : « Il a « écrit plusieurs livres, sous noms déguisés, desquels « je ferai mention autre part, n'étant ma délibération

1. Le Bon a inséré, dans chacun de ses deux traités des *Bains de Bourbonne* et des *Bains de Plombières* (chap. VI et II), quatre vers latins (*tetrasticon*) dont il est certainement l'auteur :

> Publica morborum requies, commune medentum
> Auxilium, praesens numèn, inempta salus :
> Amissum reparant lymphis impune vigorem ;
> Pacaturque aegro luxuriante dolor.

Ce quatrain étant de bonne facture, l'abbé Bordelon, qui a publié, en 1697, *Les Malades de belle humeur* ou *Lettres divertissantes écrites de Chaudray*, n'a pas manqué de s'approprier le premier distique, en appliquant au fameux médecin Ozanne (sans se troubler du *commune medentum auxilium*) ce que Le Bon avait dit de la vertu des sources thermales. Voyez notre plaquette, extraite des *Procès-Verbaux de la Société archéologique d'Eure-et-Loir*, et intitulée : *Christophe Ozanne, médecin de Chaudray*. (Chartres, Garnier, 1874, in-8°.)

« de réciter ici autre chose que ce qu'il désire bien « être su de tous avoir été écrit par lui. » C'est encore là une promesse qui n'a pas été tenue. Du reste, nous devons rappeler ici que les *Bibliothèques* de La Croix du Maine et de Du Verdier ont été publiées, pour la première fois, en 1584 et 1585. Évidemment elles ont été rédigées pendant la vie de Le Bon.

Le Dr E. Bougard a bien mérité des bibliophiles en faisant reproduire, dans la *Bibliotheca Borvoniensis,* le traité des *Bains de Bourbonne* (Chaumont, Cavaniol, 1865, in-8°) et en y joignant une intéressante notice. Nous y lisons que Le Bon se fixa d'abord à Chaumont, où il mourut. A quelle époque mourut-il ? En 1583, répond le Dr Bougard. Mais il a oublié de nous dire où il a puisé cette date ; en sorte que nous ne pouvons l'accepter que sous toute réserve. D'ailleurs, elle n'est pas vraisemblable. En effet, nous venons de voir que Le Bon a *revu et augmenté* l'opuscule de Champier, intitulé *Le Bastiment,* etc., et que cette nouvelle édition porte la date de 1590. Est-il admissible qu'une édition préparée par Le Bon n'ait paru que sept ans après son décès ? Enfin le Dr Bougard, toujours affirmatif, mais toujours sans aucune date, ajoute que Le Bon avait pris femme à Chaumont ; qu'il y mourut après avoir fait, par testament, plusieurs donations importantes à l'église de Saint-Jean ; et que sa veuve s'y remaria.

Le Bon ne nous dit pas expressément s'il s'était engagé dans le lien conjugal : cependant il nous donne clairement à comprendre la triste vérité à cet égard. D'une part, en effet, il s'exprime ainsi, en 1571, dans son *Etymologicon françois* : « Si je m'arrestois trop « (si je donnois trop d'étendue à mon livre), la mar- « mite de nostre mesnage peut-estre se refroidiroit ; et « si je craindrois de demeurer ainsi arrière, estant trop « adonné en ces petites considérations pour la famille. « Il n'appartient aussi proprement de fonder trop avant « à la philosophie et recherche des lettres, sinon aux « célibataires et ceux qui ont, selon leur estat, le loisir « de faire tel chef-d'œuvre. » D'autre part, en nous donnant les *dictons* en cours sur les femmes, au XVIe siècle, Le Bon se complaît tellement à reproduire les plus hostiles, augmentés certainement de ses propres pensées, qu'on ne saurait guère douter qu'il avait contracté mariage et qu'il n'a pas eu à s'en louer. Et si sa veuve a réellement convolé à de nouvelles noces, n'avait-il pas le don de seconde vue, quand il écrivait dans ses *Adages* :

La veuve a plus tost envie de se remarier que de pisser.
Du cuir d'un vieil mary on en achète un jeune.

Aussi paraît-il dire son *mea culpa* en s'exclamant :

Un homme qui se marie
Prend congé de bonne vie.

§ 2.

Notre médecin semble avoir eu son habitation principale à Chaumont. Mais, en 1574, il y avait déjà plus de vingt ans qu'il exerçait sa profession, en la saison des bains, tant à Bourbonne qu'à Plombières. En son épître dédicatoire du traité des *Bains de Bourbonne*, il constate qu'il a composé ce livret à Lyon même. C'est de Remiremont qu'il date son épître à Ronsard, du 15 juin 1576; et c'est de Poitiers qu'il date son épître à Baïf, du 1er octobre 1577. Enfin il a demeuré à Langres, où il disait, en 1576, avoir laissé ses *Mémoires* à cause de l'invasion des Rheistres. Il a, d'ailleurs, fait imprimer plusieurs ouvrages, le plus souvent à Paris, mais aussi à Lyon et à Rouen ; et, sans doute, toujours sous ses yeux. Enfin il eut à suivre, dans ses longs et nombreux voyages, son illustre client le Cardinal de Guise, dès qu'il fut attaché, comme médecin, à sa personne et à sa maison. C'est ainsi qu'il se trouvait, en novembre et décembre 1574, « à Avignon, en la maison de M. de « Beauchamp, suivant la court et logeant avec MM. les « aumosniers de Mgr le cardinal de Guise, qu'il ap- « pelle humblement « *nostre maistre*. » En effet, c'est d'Avignon qu'il a adressé *à Ronsard, premier rhymeur des Françoys*, son épître du 18 novembre 1574; c'est là encore qu'il a rédigé, en latin, son avis *Ad Lectorem*, daté du 26 du même mois. Ces deux pièces précèdent l'opuscule de Le Bon intitulé : *L'Origine et Invention de la Rhyme*, avec cette date *in fine : Die natalis Domini, Aveniopoli, in aulâ Divi Henrici, regis Galliarum et Poloniae*. Comment se fait-il que cet opuscule de 27 pages soit daté, sur le titre, de 1582 ? Nous serions portés à croire que l'édition de 1582, postérieure de huit ans à l'avènement de Henri III, n'est qu'une reproduction.

Quoi qu'il en soit, il n'est peut-être pas inutile de rappeler ici pourquoi la cour de France était à Avignon, en novembre et décembre 1574. C'est qu'alors Henri, duc d'Anjou et roi de Pologne, revenait, sans trop de hâte, prendre possession du trône de France, vacant, depuis le 30 mai, par le décès prématuré de son frère Charles IX. La vieille cité française des papes fêtait magnifiquement le fils de Henri II et de Catherine de Médicis, en l'éblouissant de feux d'artifice à l'italienne. « Estoient millions de pharos, sur le « palais, tours et tourillons de là à l'entour. » Et, à cette occasion, Le Bon compose ce *distich :*

Omnia flamma petit, cœlos et sidera vincit;
Avenio Henricum pro patre laeta capit [1].

§ 3.

L'opuscule de *L'Origine et Invention de la Rhyme* atteste directement le goût de son auteur pour les voyages : « La pérégrination rend les hommes plus « sçavans et plus expers à description des choses. Je « n'entens pas des illettrez ou idiots, car *qui passe en* « *Angleterre oye, il en revient oyson,* qui est : *Non* « *animum mutant qui trans mare currunt.* »

1. En cette même année 1574, Benoist Voron, maistre ès arts et recteur aux escolles de Saint-Chamond, publiait, à Lyon, la *Resjouissance de la France désolée* de la mort de Charles IX, que nous avons reproduite dans le *Recueil de la Société Forézienne de la Diana*, en 1877.

Le Bon avait déjà dit, dans ses *Adages :*

> Pays est tout lieu où l'on vit.
> Qui voit tousjours les cieux, ne change point de pays.
> L'homme marié est un oiseau en cage.

In perpetuâ est servitute, in tremore, metu et in dubio, intrà spem, desperationem et fiduciam. Itaque poetis, medicis et physicis, ut in cœlibatu vivant, id est in libertate, consulo. Alioqui peregrinari non possunt.

De cette humeur cosmopolite, Le Bon a dû voyager hors de France, au moins avant son mariage. Il semble en effet avoir visité l'Italie : « A Rome (dit-il dans « *L'Origine et Invention de la Rhyme*) ne se peut voir « telle antiquaille que ce ravissement d'Europe, sur la « fontaine de la Boucherie. Outre s'y oit un langage « qui n'est ni latin ni grec, et partant gaulois. »

Du reste, il n'aime guère les Italiens :

> C'est trop d'un demi-Italien en une maison.
> L'Italien sçait *omni causa.*
> L'Italien n'a fait guère pour la religion ; et si en a la toison.
> Jamais cheval ou bon homme n'amende d'aller à Rome.

Avant de se laisser *mettre en cage,* suivant son expression, l'intrépide voyageur avait-il franchi les Pyrénées aussi bien que les Alpes ?

> On fait plus de chemin en Espagne pour dix écus qu'en France pour cent.
> La Catalogne tire à la Touraine.

Il ajoute nettement, dans son traité des *Bains de Plombières* (chap. v) :

Les Bains naturels... qu'ay veu en Espagne...

Se serait-il aventuré jusqu'en Palestine ?

Qui n'a veu la Judée, veu et sceu les mœurs et coustumes dudit pays, n'entendra jamais le divin Psalterion de David.

Mais le montagnard des Vosges, s'il s'est risqué sur la mer, n'en a pas conservé un bien agréable souvenir :

Jamais l'homme sage ne descendit sur un port.
Il faut louer la mer et se tenir en terre.
Qui est sur la mer ne fait pas des vents ce qu'il veut.
Il ne fait sûr en mer, ni au milieu ni à la rive.
Le navire craint plus le feu que l'eau.
Il vaut mieux être souris que grenouille [1].

§ 4.

Le Bon n'est pas charlatan. Il prône, avec raison, les eaux de Plombières ; mais il déclare franchement qu'il

1. En 1581, un jeune contemporain de Le Bon, Jean Palerne, secrétaire de François de Valois, duc d'Anjou et d'Alençon, quittait ce poste à vingt-quatre ans et s'embarquait, avec un ami, pour la Terre-Sainte. Deux ans plus tard, il en revenait seul, « rendant grâces « et louanges immortelles à Dieu, le souverain Pilote, de l'avoir ga- « ranty de tant de fortunes, naufrages, dangers et maladies ». (*Pérégrinations du sieur Jean Palerne, Forézien,* etc. — Lyon, Jean Pillehotte, 1606, petit in-12.)

est de l'opinion de Montanus, savant médecin de Vérone, décédé en 1551 : « *Aqua thermarum vecta nil prodesse potest.* L'eau des bains, portée ou charroyée « si loin qu'il la faille réchauffer, n'a plus de vertu, « tant pour le boire que pour le baigner, parce que « vous n'y pouvez porter avec elle les spirits, vapeurs « et, ce qui est le plus précieux, qui est l'âme. »

A fervente salit thermarum dia (diva) vapore
Vis; prodest plenis nil aqua vecta cadis.

Partant, notre médecin traite sans pitié un genre de charlatanisme (si charlatanisme il y a), qui n'a fait que prospérer depuis lors, car on trouve aujourd'hui, à Paris, des dépôts de toutes les eaux thermales françaises et étrangères. « A Lyon se fait une traffique et « piperie de l'eau des bains de Luc (Lucques, en Italie) que les marchands estrangers font apporter, et en « tirent plus de profit que les Lyonnois ne font de leurs « vignes. Faut-il que la ruse et fraude endorment tou« jours la simplicité des Françoys. » Quoi qu'il en soit, Le Bon a, dans la salutaire efficacité des *eaux thermales*, une telle foi qu'il ne craint pas de poser cet aphorisme :

Ceux qui meurent aux bains y ont apporté la mort.

Un ancien préjugé, qui paraît durer encore, attribuait aux bains de Plombières une vertu merveilleuse contre la stérilité des jeunes femmes. A cet égard Le Bon dit formellement, dans ses *Adages* (seconde partie) : « Le bain ne peut servir de mary. » Dans son traité des *Bains de Plombières* (chap. II et V) il ajoute, par deux fois, cette malice : *Nisi* ou *sinon par accident*. Enfin, pour qu'on ne se méprenne pas sur son opinion, il dit dans ses *Adages* (livre IVe) en appuyant un peu trop sur la corde : « Si les bains ne font des « enfans, les baigneurs en font. » Le célèbre médecin Guy Patin disait encore, en 1648, d'une manière plus générale : « Les eaux minérales font plus de cocus « qu'elles ne guérissent de malades. » Le Bon revient une dernière fois sur ce sujet si délicat, mais cette fois en termes irréprochables :

> Qui va aux bains ne va pas en pèlerinage.

§ 5.

Notre médecin a une antipathie des plus prononcées contre les avocats :

> Dieu n'a point pris d'advocat pour établir son évangile.
> Si l'enfer n'estoit plein, jamais n'y auroit d'advocat sauvé.

Il n'estime les avocats ni au barreau, ni à la tribune populaire :

> Le conseil soubscrit est d'avis : Qui le perd icy, le peut gaigner à Paris.
> L'avocacerie est un cancer universel en une ville.
> Lesquels sont les serviteurs du peuple ? Les orateurs

> et advocats, contraincts de parler à son gré et flatter servilement une folle compagnie [1].

Il accuse les avocats d'être âpres au gain :

> L'advocat a la manche d'un Cordelier.
> La Marne ruinera plus tost la roche de Folaint que l'advocat se lassast de prendre [2].

Enfin il laisse percer le bout de l'oreille en se montrant jaloux des avocats, sous le rapport des honoraires :

> L'advocat gaigne plus en liesse que le médecin en tristesse.

1. Si Le Bon était revenu de nos jours, au moment de nos derniers désastres, il se serait grandement honoré de serrer la main à ce noble avocat, Me Rousse, qui ne s'est prévalu de son titre de bâtonnier que pour se porter le premier au danger, et dont l'ascendant moral a forcé la Commune de Paris à le respecter, jusque dans les vertueuses hardiesses de son ministère.

Me Nicolet, bâtonnier, s'exprimait ainsi, le 23 novembre 1878, dans son *Discours à l'ouverture de la Conférence* (p. 22) : « Rappelez-vous les stagiaires de 1870, dont les noms ont mérité d'être « mis à l'ordre du jour, ici même, debout et tête nue, par un homme « à qui ses actes avaient donné le droit de louer les morts et de faire « la leçon aux vivants ; dont le talent d'avocat et d'écrivain n'est « pas le seul titre à l'admiration ; et que, sans pitié pour sa mo- « destie, notre Ordre comptera parmi ses grands bâtonniers. » (*Voyez Discours de Me Rousse, bâtonnier*, 2 décembre 1871.)

2. *Folain* ou *Foulain* (en latin *Folena*) est un petit village situé dans le canton de Nogent-le-Roy (Haute-Marne). En cet endroit, la Marne est encaissée ; et sa rive droite est bordée par un chemin qui, du temps de Le Bon, était surplombé par une roche adossée au coteau. Mais, bien qu'elle ne gênât aucunement la circulation des voitures chargées même de foin, on fit, il y a quelques années, sauter la *Roche de Folain*. N'était-ce pas, comme dit Boileau :

> Aux Saumaises futurs préparer des tortures ?

M. Carnandet, ancien bibliothécaire à Chaumont, a bien voulu nous éclaircir ce mystère.

L'advocat moissonne, et le médecin glane.
L'advocat vendange, et le médecin grappe.
Le médecin est le fourmi; l'advocat est l'oiseau de proie.
Le médecin tire à l'escu; mais l'advocat le prend.

Il nous semble que les médecins n'ont, depuis longtemps, plus rien à envier aux avocats sous ce rapport. Mais, en ce temps-là, Le Bon avait raison de dire :

Galien faict plus de corvées que de testons [1].

§ 6.

C'est sans doute une erreur, mais elle a revêtu la forme proverbiale de la vérité, que les médecins s'entre-dénigrent à qui mieux mieux. Le Bon ne tombe pas dans ce sot travers. Aussi loue-t-il sans restriction plusieurs confrères ses contemporains, et rend-il pleine justice au célèbre chirurgien Ambroise Paré [2] : « M. Paré

1. C'est-à-dire : Le médecin fait plus de corvées qu'il ne gagne de pièces de monnaie. Le *Teston* valait, au temps de Le Bon, sous Charles IX, de douze à treize sous, d'après Du Cange; on y voyait la *tête* du roi, d'où lui venait son nom.

2. Ambroise Paré, premier chirurgien du roi Charles IX, est considéré comme le restaurateur de la chirurgie en France. Malgré les affirmations incompréhensibles de Sully et de Brantôme, il n'était pas huguenot. Ainsi que ses deux femmes et ses nombreux enfants, il a vécu et il est mort au sein de l'Église romaine. Demeurant à Paris, rue de l'Hirondelle (*Arondalle*), il y décéda à l'âge de soixante-treize ans, et il fut enterré, le samedi 22 décembre 1590, dans l'église Saint-André-des-Arts, sa paroisse, au bas de la nef, proche le clocher. (*Dictionnaire critique de biographie et d'histoire*, par A. Jal. Paris, Plon, 1867.)

La modeste rue de l'Hirondelle, réduite de moitié par la création

« (dit-il) est à aymer, à priser, qui, facilement et docte-« ment, parle et escrit de toutes les parties de la chi-« rurgie... » (Traité des *Bains de Plombières*, chap. x.)

Cependant Le Bon se montre acerbe contre Paracelse (Bombast de Hohenheim) et contre Jacques Grevin, de

(avec un notable exhaussement) de la place Saint-Michel, n'est plus guère de ce côté-là qu'une impasse, ayant son entrée principale par la rue Gît-le-Cœur. Mais elle n'en avait pas moins, à prendre le nom d'*Ambroise Paré*, un droit évident qui a été récemment méconnu au profit d'une rue sise au Xe arrondissement, entre le boulevard Magenta et la rue de Maubeuge.

Qui ne connaît ce mot de l'illustre enfant de la ville de Laval, qu'on félicitait d'avoir, par son talent, sauvé un blessé ? « *Je le pansay et Dieu le guarist.* » Mot sublime de modestie et de foi ! Les savants, comme les bonnes gens, croyaient à Dieu, en ce temps-là, à Dieu sans commencement ni fin et à l'âme immortelle, libre et responsable. Mais depuis lors quelques hommes, se faisant honneur de procéder immédiatement de l'orang-outang, foulent aux pieds ces croyances de tous les temps et de tous les peuples, qui (a dit avec raison un philosophe moderne) sont *le patrimoine commun de l'humanité*. Ils le savent de science certaine : « Dieu n'est qu'un mot. — L'univers, incréé, est main-« tenu en mouvement par la loi naturelle de la gravitation. — La « vie de l'homme est une des phases des métamorphoses de la larve « spermatozoïde. — L'âme, indistincte du corps, naissant, se dévelop-« pant et mourant avec lui, c'est la pensée, élaborée par le cerveau « de l'homme ou de tout autre animal. Cette pensée est telle quelle. « Celui, qui commet un acte réprouvé par la conscience générale, « est ignorant ou malade ; mais, n'ayant pas le libre arbitre, il ne « saurait être coupable. Dès lors, le vrai coupable, ce n'est pas « l'assassin, c'est le magistrat qui le condamne. »

Or, outre qu'il ne faut pas confondre le *juge* avec le *législateur*, peut-être serait-il équitable d'accorder, au magistrat qui condamne l'assassin, la même excuse qu'à l'assassin lui-même. Mais les libres-penseurs ne sont pas des logiciens.

Citons encore ici un autre passage du *Discours* de M. le bâtonnier Nicolet (p. 31), où il esquisse le portrait de feu Valette,

Clermont en Beauvoisis. Mais, s'il traite injustement le célèbre chimiste étranger de *Parastultus* ou *Parinsulsus* (en ajoutant *cum barbaris barbare agendum*), c'est qu'il n'est pas lui-même en état de comprendre tout le parti que la chimie est appelée à tirer des minéraux, pour le traitement des maladies. Il n'est point ennemi du progrès, car il appelle et annonce la création d'une *Escole gallicane touchant la médecine*[1].

Quant à Grevin, qui partageait cependant son antipathie pour l'*antimoine*, si Le Bon l'injurie en disant :

> Plus ignorant médecin que Grevin,
> Plus poltron que Grevinio,

c'est que cet élève, en poésie, de Ronsard était passé,

notre ancien professeur à la Faculté de droit de Paris, membre de l'Académie des sciences morales et politiques et député républicain : « Ce penseur si fier et si libre, en qui semblait incarné le génie de « la controverse, ne fermait à la discussion qu'un seul domaine, « celui de ses croyances religieuses. Sa foi était opiniâtre, comme « celle des humbles ; on n'a jamais pu lui faire comprendre que la « sélection obstinée entre singes ait fini par sécréter un Michel-Ange « ou un Corneille, ni qu'une agrégation fortuite dans les molécules « d'un cerveau suffise pour expliquer les *Pensées* de Pascal ou la « *Symphonie en ut mineur* de Beethoven. »

1. Le Bon s'exprime ainsi, en son traité des *Bains de Plombières* (chap. x) : « Les Antimoniacles, pour leur profit, occient tout le « monde... Gentille eschole de gens qui sçavent qu'ils ne guériront pas, mais... qui demandent trente ou quarante écus et « acheptent des remèdes pour dix sols.... S'admuser à rabattre les « coups de ces pécuines brutes, par le menu, seroit perdre le « temps témérairement. » Déjà, dans son traité des *Bains de Bourbonne*, Le Bon avait dit : « L'usage de l'antimoine vieillit, à cause « des massacres qu'il a faits.... J'en ay dit, en mon *Etymologicon Françoys*, ce qu'il faut dire et sçavoir. »

comme calviniste, au nombre de ses ennemis les plus ardents. Mais que peuvent les injures de Le Bon contre ce témoignage de Ronsard même

> Ainsi, dans nostre France, un seul Grevin assemble
> La docte médecine et les beaux vers ensemble.

Au dire de La Croix du Maine, Le Bon s'oublie, à l'égard de Grevin, jusqu'à composer, contre lui, des poëmes qui, du reste, ne paraissent pas avoir été imprimés.

Quand il avait la liberté de son jugement, Le Bon ne manquait jamais de rendre justice à qui le méritait. En effet, que dit-il de notre savant helléniste G. Budé, décédé en 1540? « Budé n'a eu son per en la traduction des « vers grèques, mesme non pas Erasme. » Et n'y a-t-il pas là encore un éloge pour Érasme lui-même?

§ 7.

L'excuse de Le Bon, à l'endroit de Grevin, si c'en est une, c'est qu'il avait pour Ronsard[1] une amitié des plus vives, entretenue par des relations assez fréquentes. En effet c'est à Ronsard qu'il a dédié *L'Origine et Invention de la Rhyme*, en lui adressant, le 18 no-

1. Pierre de Ronsard, né en 1524 et décédé en 1585, est le plus célèbre poëte du XVIe siècle. Trois rois de France, Henri II, Henri III et surtout Charles IX l'honorèrent de leur amitié. Le Forézien Papire Masson, son contemporain, n'a pas manqué de lui consacrer une place dans ses *Elogia*.

vembre 1574, une épître avec cette suscription : « A « Ronsard, premier rhymeur des Francoys. » Cette épître, sur laquelle nous reviendrons, est précédée d'une première, *Ad lectorem*, dont nous reproduisons ici les dernières lignes : « Non solum Ronsaris labores et vigi- « lias admiror, sed etiam exosculor; cui si Deus lon- « giorem vitam prorogaverit, et rem nostram et inven- « tum nostrum ad doctrinam et disciplinam dignè satis « amplexatus fuerit, hoc in negotio, omnes non solum « qui nunc extant superabit, verum etiam forsitan du- « centorum annorum nepotes, vel amplius. Sed hoc pro- « lixius recantare odiosum est et taedii plenum. Itaque « si hoc opusculum bonis fore intellexero gratum, dabo « operam ut correctius et tersius, cum supplemento, in « lucem redeat. Itaque Vale. 26 novembris Aveniopoli « 1574. »

C'est encore à Ronsard que Le Bon a dédié, sous la date du 15 juin 1576, la seconde partie de ses *Adages :* « Dédié à M. Ronsard Vandômois. »

Nous lisons en outre (en tête de la troisième partie des *Adages,* dans une épître datée, à Poictiers, du 1er octobre 1577 et adressée *à Marc-Antoine*[1] *de Baïf, poëte latin et françoys et secrétaire du roy :* « N'y a « lieu, pour recouvrer ta parfaicte santé, qu'en *ses* « thermes (de Solon, c'est-à-dire Le Bon lui-même) de « son pays de Vosges... M. Ronsard, nostre Apollon, « a délibéré y aller et me mener, pour retarder nostre

1. Les prénoms de Baïf étaient *Jean* Antoine; aussi Ronsard l'appelait-il *mon Jeanot;* c'est Muret qui était prénommé *Marc-Antoine.*

« vieillesse, comme il me dict dernièrement au Plaisir-« la-Tour (*sic*). — (Si) seigneur Belleau m'eust creu et « qu'il n'eust esté plus avare que poëte, il fust en pleine « vie [1]. »

L'amitié enthousiaste de Le Bon pour Ronsard ne lui a cependant inspiré aucune faiblesse à l'égard de ses poésies licencieuses. En effet, dès 1554, il fait imprimer, sous l'anagramme de *Nobel*, son *Oraison ou Invective contre les poëtes confrères de Cupidon.* En 1557, il publie sa *Philippique de Jean Macer contre les poëtastres et rymailleurs françois de nostre tems*, où il dit dans un *Avis au lecteur* : « J'ai bien voulu employer « quelques heures du jour à poursuivre l'œuvre mo-« rale qu'a, à son grand honneur, encommencée Jean « Nobel contre les poëtastres qui ne traitent seulement « qu'amourettes, lascivetés, villenies, sornettes, facé-« ties, badineries et choses sans nulle édification [2]. »

1. Remy Belleau, l'un des sept poètes de la Pléiade française, né en 1528, à Nogent-le-Rotrou, est effectivement mort à Paris, en mars 1577, dans sa cinquantième année. Son plus curieux ouvrage est un poëme macaronique, intitulé : « *Dictamen metrificum de* « *bello huguenotico et Reistrorum pigliamine ad sodales,* in-4°. »

2. Le Bon nous dit que cette première *Philippique* est *sœur de douze qui seront en bref achevées.* Cette annonce ne paraît pas avoir été suivie d'effet ; mais à qui s'en prendre, du public ou de l'auteur ? Quoi qu'il en soit, un *Avis au lecteur,* placé en tête de la première *Philippique* et daté du 6 mai 1557, mentionne une coutume du bon vieux temps : « Le jour sainct Saturny dernier « (dimanche 2 mai), estant en chemin à Gentilli, pour voir donner « les cottes vertes accoustumées aux dames de Paris, en devisant « avec aucuns de mes amis.... » *Donner les cottes vertes,* c'était jeter les femmes sur l'herbe, en folâtrant avec elles. On comprend qu'un jeu si scabreux pour les femmes soit tombé en désuétude.

Dans le cours de cet opuscule, Le Bon décoche, à l'inexcusable auteur des *Gayetez*, cette verte semonce : « Ne te suffirait-il pas d'estre corrompu toy seul, sans « vouloir scandalizer et détruire ton prochain ? N'est-ce « pas bien le scandalizer et détruire, quand, par tes fo- « lastries et infâmes escriptures, tu luy es occasion et « ouvre le chemin à toute impudicité, ordure et pail- « lardise ?... Toy, qui te dis Pindare françoys... si tu « veux t'attribuer, à bon droit, ce nom tant illustre, « mets toute diligence, jetant paillardises au loin, d'in- « citer, par tes escrits, cette noble jeunesse françoyse à « vaillantize, vertu et magnanimité, ou du moins ne « les plus inciter à délicier et quasi-semondre à tous « plaisirs. Lors tu seras des vrays Pindares estimé. Si « au contraire tu poursuis à remener le temps des Epi- « curiens et Sardanapaliques, qui sont à eslongnier de « toute bouche bien formée, à juste cause seras, toy et « les autres, frustré de l'immortelle renommée et at- « tente par la quelle cuidez perpétuer vostre nom. A « quoy si voulez aspirer, faut que vos œuvres se con- « descendent à vertu. Et lors ne doutez de l'immorta- « lité éternelle, car elle suyt ceux qui la fuyent... Vous « cognoissez quazi qu'on se commence à saouler de vos « folastries, veu que mesme le temps qui court nous a « amené ce bonheur que les Dames Françoyses, bien « instruites, sont totalement solliciteuses et soigneuses « de chansons salutaires... Outre plus : afin que, seulet, « je te testonne un peu et lave les aureilles, masque « Pindare françoys, est-ce Erinnis, Alecto, Mejera ou « autre furie, qui agitoit ton malin esprit, quand, à ton

« grand opprobre et confusion, à la manière de ceux de « Ninive, Sodome et Gomorre, toy et tes alliez laissates « le sacrifice deu au seul Seigneur, pour sacrifier au « bouc?... Vrayement vous estes tous de ceste sequelle, « bouquins, chèvre-pieds, satyres et *Sodomiques*. Tu te « fie, je croys, à ce forfante et truant poëte latin Ti- « bulle (lisez *Catulle*) plus qu'à l'évangile du Seigneur, « quand, à l'entour de la couronne de liarre mise (sur) « les cornes de ton vieux bouc, tu écrivis : *Trop bien* « *faut chaste et vertueux le poëte estre; mais ses vers,* « *il n'en est nécessaire*[1]. Voilà une belle devise! »

« C'est bien ce qu'on dit : « A tel sainct, telle of-

1. Étienne Jodelle se trouvait à Arcueil, lorsque, dans un excès d'enthousiasme pour le novateur qui venait de jouer, lui-même, sa pièce de *Cléopâtre captive*, Ronsard et ses autres confrères de la Pléiade lui amenèrent, en dansant et en chantant des dithyrambes, un bouc orné de guirlandes de lierre et de fleurs, afin de simuler une de ces fêtes de Bacchus qui donnèrent, en Grèce, naissance à la tragédie. Mais les calvinistes, animés, contre le catholique Ronsard, d'une haine qui ne reculait pas devant la calomnie, affirmèrent que le chef de la pléiade avait poussé l'imitation de l'antique jusqu'à immoler le bouc à Bacchus; et ils affectèrent de crier au paganisme, même à l'athéisme. Néanmoins Ronsard parvint à se justifier de cette fausse accusation, qui avait évidemment pour but et faillit avoir pour résultat de le perdre. Dans sa *Réponse à quelque Ministre,* il traite, avec une juste indignation, son adversaire de *menteur.*

Les *Gayetez* de Ronsard ont été imprimées à Paris, en 1553, chez la veuve de La Porte (p. in-8°), sous le titre de *Livret de Folastries,* avec cette épigraphe tirée de Catulle (XVI, *Ad Aurelium et Furium*):

Nam castum esse decet pium poetam
Ipsum; versiculos nihil necesse est.

Notre compatriote, J. Janin (dans sa préface de la traduction en vers des *Mélodies* de Thomas Moore, par notre collègue H. Jous-

« frande. — Un porc ne se plaît qu'en son bourbier; et « toy, qu'en ton paganisme. — Tu te veux surnom-« mer Pindare Françoys? Je n'en suis envieux; ains « m'émerveille davantage comment tu t'attribue ce « nom, pour traiter seulement d'amourettes.... Je vou-« droys sçavoir si on doit réputer celuy, preux cheva-« lier, qui jamais ne frappa un coup de lance; bon « marinier, qui ne fut oncques sur l'eau; cordonnier, « qui, en jour de sa vie, ne mania cuir. Et toy, tu te « veux rapetasser le nom de Pindare, qui, en ta vie, « n'as faict carme respondant à tout le plus moindre « qu'a faict anciennement le célèbre Pindare! »

Le Bon flétrit encore énergiquement, sans le nommer, l'auteur éhonté d'une parodie, à la fois lubrique et impie, de la Salutation Angélique : « Je me persuade « (ajoute-t-il) que cet écrivain doit estre expulsé et « débouté de toute compagnie chrestienne. » A cette occasion il fait une allusion railleuse aux *Ronces* de Ronsard et, particulièrement, à son deuxième *sonnet*, commençant ainsi : « Je te salue... »

Cependant Ronsard s'était amendé, et il expurgeait les œuvres érotiques de sa jeunesse. En conséquence, Le Bon s'adoucit à son endroit, flatte son amour-propre de poète et va jusqu'à s'étonner de ne pas le voir en-

selin, conseiller à la Cour de Paris), a cru pouvoir traduire ainsi ces deux vers:

Par Jupiter! nos vers sont toujours assez chastes.

Sans amour-propre aucun, nous préférerions cette autre version, tout aussi concise

Poète! sois chaste, toi; mais ta Muse, qu'importe!

core *évêque ou cardinal*. Voici, en effet, comment il s'exprime, en 1574, dans son livre de *L'Origine et Invention de la Rhyme*, dédié à Ronsard lui-même : « Je plains ce siècle tant ingrat, pour ne te veoir ou « Évesque ou Cardinal[1]. Et Dieu me soit tesmoin

1. Ronsard était-il prêtre ? Florent Chrestien, ardent calviniste, voulant réfuter le fameux *Discours des Misères de ce temps*, publia, en 1563, une acerbe *Réponse à Messire Pierre Ronsard, prebstre, évêque futur*. En cette même année, d'autres libellistes qualifiaient Ronsard de *jadis poëte et maintenant prebstre ;* et ils raillaient ce qu'ils appelaient sa *métamorphose*. Nous admettons que Ronsard ait été dit, en des lettres patentes, *aumosnier ordinaire du Roy et de Madame de Savoye*, et qu'il ait été *curé d'Évaillé* (Sarthe), dès 1557. Mais nous ne craignons pas de nous tromper en affirmant que les titres d'*aumônier*, *curé*, *chanoine*, *évêque* et *cardinal* n'impliquent pas nécessairement les ordres majeurs de la *prêtrise*, du *diaconat*, ni même du *sous-diaconat*. L'évêque, s'il n'est pas prêtre, ne peut conférer la prêtrise, ni donner la confirmation ; il appelle, à cet effet, un évêque ordonné prêtre. Le curé, s'il n'est pas prêtre, ne peut célébrer la messe, ni administrer les sacrements ; il a des vicaires prêtres, qui exercent le saint ministère. L'aumônier, s'il n'est pas prêtre, ne peut remplir les fonctions de chapelain. C'est-à-dire que le curé et l'évêque, s'ils n'ont pas la prêtrise, n'ont que le droit de juridiction ; ils ne sont investis d'aucun des pouvoirs spirituels que confère seul l'ordre de prêtrise. Aussi Le Bon reproduit-il, dans ses *Adages*, un dicton ainsi conçu :

Les plus aisés curés ne sont pas prêtres.

Donc Ronsard, fût-il réellement *aumônier* et *curé*, n'était pas nécessairement prêtre ; car rien ne s'oppose, d'après les canons de l'Église, à ce que, sans être prêtre, on devienne évêque ou cardinal. Aussi le cardinal Antonelli, premier ministre du souverain pontife Pie IX, n'était-il pas prêtre, mais seulement diacre.

Calvin lui-même, né à Noyon, le 10 juillet 1509, était pourvu d'un bénéfice à douze ans, et curé de Marteville à seize ans, en 1525. (*Dictionnaire historique de la France*, par Lalanne. — 1872.)

Ajoutons que Ronsard n'a jamais pris ni accepté la qualification de prêtre. Il reconnaît avoir figuré activement aux cérémonies ca-

« si je ne le dis de bon cueur... Un seul épigramme « mérite bien quelque récompense bonne et, selon sa

tholiques, avec le surplis, l'aumusse, la chape et le bonnet des pasteurs de l'Église romaine ; mais, en même temps, il dit, dans sa *Réponse à quelque Ministre :*

Or sus, mon frère en Christ, tu dis que je suis prestre!
J'atteste l'Éternel que je le voudrois estre.

Concluons avec un libre penseur, Sainte-Beuve (*Tableau de la poésie française*) : « Il est donc bien prouvé que Ronsard ne fut « jamais prêtre, bien qu'il portât chape, qu'il chantât vêpres et « qu'il touchât le revenu de mainte abbaye. »

Nous croyons devoir ajouter ici, comme preuve sans réplique, l'analyse d'un manuscrit en latin, sur vélin, dont nous possédons une copie textuelle. C'est une bulle pontificale, datée, à Bologne, des Ides de mars 1529, par laquelle le pape Clément VII (Jules de Médicis), après résignation du titulaire, Jean de Chalmazelles, *alias* de Talaru, curé (*rector*) de l'église paroissiale de Genas (au diocèse de Lyon), nomme à cette *cure* le jeune Gabriel de Sacconay, *âgé de treize ans*, déjà chanoine de Lyon, pour jouir de ce bénéfice *jusqu'à l'âge de dix-huit ans*, avec le droit d'en percevoir les fruits, mais avec le devoir d'en acquitter les charges, et sous la condition expresse que le soin des âmes ne tombera pas en souffrance. — Gabriel de Saconay (ou Sacconay) chanoine et comte de Lyon, a publié, de 1567 à 1577, une dizaine d'ouvrages énumérés par Brunet, en son *Manuel du Libraire*. Nous n'en citerons qu'un seul, intitulé *Discours des premiers troubles advenus à Lyon* (en 1562), etc. (Lyon, M. Jove, 1569, in-8°.)

En 1857, étant allé d'Auxerre à Chastellux-sur-Cure (canton de Quarré-les-Tombes), afin d'en visiter l'antique château, nous y relevâmes, pour le ministère de l'instruction publique, cette inscription en trois lignes, datée de 1580, qui fut réservée pour le Recueil général des Inscriptions de la Gaule, sur le rapport du baron de Guilhermy :

Cy-gist le cœvr de havlt et pvissant seignevr Loys de Chastellux-seign^{r}
dvdit liev-Vte d'Avallon-Ier chanoine herr^{re} de la cath^{le} d'Avxerre-ch^{er} de l'ordre
dv Roy-gentilh^{me} de sa chambre- govv^{r} de Marsal et de la citadelle de Metz.

Voici comment Louis de Chastellux était *premier chanoine héré-*

« bien mérence, libéralité condigne... J'espère qu'ayant « haussé la rhyme où tu l'as mise, le chorus des Muses « te réserve à plus saincte et parfaicte poésie :

> Te duce, rythmus habere modosque, pedesque latinos
> Incipiet, scandi et syllaba quaeque metro.

« Voilà ce qu'on espère de toy, et principalement « moy qui voudrois que tu eusses passé, gaigné et surmonté Homère et Virgile. »

Mais Le Bon ne ménage pas à Ronsard la critique à l'égard de *La Franciade*. Il continue donc ainsi . « Ce

ditaire de la cathédrale d'Auxerre. En 1423, Claude de Beauvoir, sire de Chastellux, maréchal de France, ayant délogé de la petite ville de Cravant, en Bourgogne, le bâtard de la Baume, qui tenta vainement de la reprendre, il s'empressa de la rendre au chapitre de la cathédrale d'Auxerre, auquel elle appartenait. Dans leur reconnaissance, les chanoines lui donnèrent, pour lui et pour les siens, à perpétuité, une prébende dans leur église. Ainsi, bien que laïque, l'aîné des Chastellux était chanoine (premier chanoine héréditaire) de la cathédrale d'Auxerre et jouissait des revenus attachés à cette dignité. Lorsqu'il venait, pour la première fois, prendre possession de son canonicat, il prêtait, en pleine assemblée du chapitre, un serment d'aide et protection à l'église, doyen et chapitre. Puis, étant botté, éperonné, couvert d'un surplis, le baudrier avec l'épée par-dessus, ganté des deux mains, ayant sur le bras gauche une aumusse, et, sur le poing, un oiseau de proie, tenant de la main gauche un chapeau à plume, il était conduit, par les chanoines en corps, depuis la grande porte du chœur, et installé entre la stalle du pénitencier et celle du sous-chantre. — Ce canonicat donnait, aux sires de Chastellux, voix et séance aux assemblées du chapitre.

Lors du passage de Louis XIV à Auxerre, en 1683, le comte Philippe de Chastellux parut devant le roi avec le costume que nous venons de décrire. (V. *Chaillou des Barres. — Les Châteaux*, etc., 1845.)

« propos me faict entrer en ta *Franciade*, pour t'avertir « que tout ton argument n'a contenté personne... Cela « faict, tu as divinement poursuivy le reste... Et en « meilleur terme ne le pourra-t-on dire que tu l'as dit « et redit. Quant à la charge que tu prens de nos Roys, « c'est bien et très bien faict; mais je te laisse à penser « s'il est raisonnable à une histoire de noz preux et « vaillants roys (que) tu les insères en fables : qui sera « une absurdité indigne de tout le sujet et de ton bon « sens; vice que tu voudrois (devrois?) fuyr comme la « peste, ou plus tost pour estre du sang de l'ancienne « noblesse des Gaules, et maintenant bon et loyal fran- « çoys. Je n'aurai garde de te donner un distich qui, « pour lors, en fut sur l'heure présenté, dès la première « lecture et audition qu'on en fit :

Virgilium qui legit, quique relegit Homerum,
Franciados nihil stare putabit opus.

« Sont autres vers que j'obmets, pour cause de brief- « veté et de (ne?) te fascher, mais (toi?) estant en vie « pour y remédier. Car, après la mort, la plume n'escrit « plus; et croy que ceux qui nous mettent aux cieux du- « rant nostre vie, après nostre trespas nous blâment et « nous mettent en enfer, si (ils) peuvent. Parquoy, d'au- « tant que tu es grand et admirable, d'autant es en plus « de charge à remparer les coups de tes amys, qui t'ad- « vertissent du défaut qu'ils trouvent en toy; et de tes « ennemys, qui peuvent pervertir tes labeurs en doute et « mespris : desquels deux embuscades est malaisé d'es- « chapper. »

On peut donc affirmer que, si Ronsard ne fit imprimer (Paris, G. Buon, 1572, in-4°) que *Les quatre* premier livre (*sic*) *de la Franciade* (qui devait en avoir vingt-quatre, comme l'*Iliade* d'Homère), les remontrances sévères de Le Bon y furent au moins pour quelque chose. En effet, en 1578 (et non en 1568, comme le disent La Croix du Maine, Du Verdier et autres) Le Bon publia son opuscule intitulé : *Advertissement du Médecin de Monseigneur le Cardinal de Guyse à P. Ronsard, touchant sa Franciade.* Cependant c'est à un tout autre motif que Ronsard attribue l'inachèvement de son monument poétique. On lit, en effet, à la suite du IVe livre de la *Franciade* (édition de 1584), le quatrain suivant :

Si le Roy Charles eust vescu,
J'eusse achevé ce long ouvrage;
Si tost que la mort l'eust vaincu,
Sa mort me vainquit le courage.

Mais, en 1584, il y avait dix ans que Charles IX était mort; et, depuis cet événement, Ronsard avait essuyé les vives critiques de Le Bon, en 1574 et en 1578, ainsi que nous venons de le démontrer. Or son amour-propre lui défendant d'avouer que de trop justes observations ne lui permettaient pas de continuer et d'achever sa *Franciade,* il fut heureux de se créer une honorable excuse dans ce sacrifice héroïque d'un poète qui brise sa lyre sur le cercueil de son roi.

§ 8.

Des *Annotationnettes*, imprimées, en 1568, à la suite de l'opuscule de Le Bon, *Le Rhin au Roy*, contiennent ce curieux passage : « J'ay voulu mettre cecy « en avant, pour autant que LE POETE DE MONSEL « faict, en poësie, toute la description des Gaules, pour « luy servir quelque chose. » Le Bon dit encore, en 1574, dans l'Épître à de Saint-Belin, qui précède son traité des *Bains de Bourbonne :* « Je laisseray peu à « écrire, à ceux qui viendront par deçà, soit de nos « fleuves, mines, herbes, forests (combien que MONSEL « descrive l'immense Forest de Passavant, dite ancien- « nement *la vieille Langre*, et ses rivières), pouvant har- « diment prendre et planter la paume à ceux qui sont « pour le jourd'huy, et par adventure m'esgaller à « ceux qui sont de ma profession et science en toute « la France, comme bien le pourra porter ma poésie à « la postérité; *absit tamen dicti arrogantia* [1]. »

Enfin, à la même date de 1574, en l'Épître à Ronsard qui précède *L'Origine et Invention de la Rhyme*,

1. La forêt de Passavant, sise aux confins du Barrois, de la Champagne et de la Franche-Comté, tirait son nom du bourg de Passavant-en-Vosges, canton de Jussey (Haute-Saône). Au temps de Le Bon, de 1574 à 1577, elle fut partagée entre Henri III et le duc de Lorraine. En 1663, on estimait sa superficie à dix mille arpents de haute futaie; mais, au XVIIIe siècle, elle perdit une grande partie de son importance. (*Les Forêts*, etc., par A. Maury. — Paris, 1867.)

Le Bon ajoute : « ... Trouveras que ceux qui se met-
« tent là, après la Poësie métrifice et quantifice, qu'ils
« considèrent, non pas le présent, mais l'advenir.
« Entre lesquels se trouvent *Baïf* et *Monsel :* Baïf,
« pour avoir par trop, du commencement, changé l'or-
« thographie, en matière si nouvelle et si maudite, n'a
« pas esté si plausiblement reçeu qu'il méritoit... ;
« *Monsel* n'a déguisé la manière d'escrire ou du vul-
« gaire ou de la raison... et a si bien rendu l'Ana-
« créon, du Grec en vers lyriques métrifiés, que le
« François cognoistra que son œuvre mérite d'estre
« entre les mains des plus doctes et retenu pour exem-
« plaire de ceux qui voudront escrire après luy ; en-
« semble autres cinq mil belles copies qu'il a prestes à
« veoir le jour. En quoy faisant, ne sera rhymificateur,
« ains Poëte François et Latin, des premiers de son
« siècle. »

Quel est ce poète de *Monsel* qui a *si bien rendu l'Anacréon du grec en vers lyriques ?* C'est évidemment Remy Belleau, lequel a traduit *Anacréon Teien* (de Téos, en Ionie), Paris, Wechel, 1555, et dont Le Bon mentionne la mort prématurée dans son Épître à Baïf, datée d'octobre 1577. Mais on ignorait, ce nous semble, son œuvre poétique de la *Description des Gaules,* notamment de la *Forêt de Passavant.* Les manuscrits de Belleau, sans doute inachevés, auront péri après sa mort.

§ 9.

Le Bon était doué d'une incroyable activité d'esprit qui, en dehors de ses études professionnelles, principales et accessoires, s'est enquise, pour ainsi dire, *de omni re scibili.* Non seulement il a publié un grand nombre de livres dont quelques-uns sont aujourd'hui inconnus, mais il en a promis plusieurs autres qui n'ont pas vu le jour.

Son traité en latin, *Therapia Puerperarum,* publié en 1554, a été reproduit notamment à la suite des Œuvres de ses contemporains Liébault et Hollier. Dans son traité des *Bains de Plombières,* en 1576, il nous dit avoir publié : *La Chirurgie des coups de guerre,* intitulée *De Sclopetis;* un *Traité de la Peste;* et *Trois livres* ou *poèmes latins,* ayant vraisemblablement pour sujet l'histoire naturelle. En 1577, il termine ainsi son Épître à Baïf : « Si, sous les fruictz de ceste paix (la « paix avec les Protestants, dite de Poitiers ou de Ber- « gerac) nous nous acheminons, je vous communi- « queray ce que j'ay faict *De Veteri Gallorum Reli- « gione,* et mon POEME LATIN où j'ay ALLAUBIGNÉ (alam- « biqué) ce que jamais j'ay amassé de fleurs. » En outre, après le mot *Finis,* qui termine l'édition originale du *Tumulte de Bassigni,* on lit : *Caetera in Le Bon Hetropolitani belli sacri Historiâ.*

Nous recueillons encore çà et là quelques autres indications, mais plus vagues. En 1568, dans les *Anno-*

tationnettes qui suivent *Le Rhin au Roy*, Le Bon annonce un livre de sa façon : « On verra les illustra-« tions des Gaules en poësie, qui pourront contenter « plusieurs doctes personnages, touchant l'origine des « Gauloys *et autres singularitez d'iceux.* » En 1574, dans l'Épître placée en tête de son traité des *Bains de Bourbonne*, il dit : « Je laisserai peu à écrire soit de « nos fleuves, mines, herbes, forets. » Dans *L'Origine et Invention de la Rhyme*, datée, par l'imprimeur, de 1582, mais de 1574[1] par l'auteur, en ces termes : « Die Natalis Domini, *Aveniopoli, in aulâ Divi Henrici*, « *regis Galliarum et Poloniæ* », Le Bon ajoute en français : « auquel (Henri III) JE PRÉPARE LES HÉROS « OU PREUX DE TROYE LA GRANDE ET DE TOUT LE « SIÈGE, TANT D'UNE PART QUE D'AUTRE, pour faire « renoistre la générosité des Gaules et délaisser l'im-« piété que nous portons à nostre patrie et à nous « mesmes. » Dans le cours de ce même opuscule, l'auteur dit (p. 25) : « ANGLETERRE EST, PAR SYNCOPE, « APOCOPE ET PROCOPE, faicte IN GALLIA TERRA... *Tout « ceci est en ma Poësie Latine, bien ample et au long.* »

Notre auteur ne paraît pas avoir tenu sa promesse de donner une nouvelle et plus ample édition du *Tumulte de Bassigni*; de l'*Étymologicon Françoys*; de la Chirurgie *De Sclopetis*; du traité des *Bains de Plombières* et de *L'Origine et Invention de la Rhyme*.

Tous les ouvrages de Le Bon sont rares. Deux

1. C'était en effet en novembre et décembre 1574 que la cour de France se trouvait à Avignon, pour y recevoir Henri III revenant de Pologne triomphalement, par Vienne, Venise et Turin.

d'entre eux, publiés à Paris en 1557, *Le Dialogue du Coural* (Veuve N. Chrestien) et *Le Dialogue de l'Antre de Mercure* (P. Gautier), sont réputés introuvables. Nous ignorons le sujet de chacun de ces deux opuscules. Le dernier contient, suivant Du Verdier, une *Épître à mes amis sur la liberté parisienne*, qu'on ne saurait trop regretter, si ce livre n'existe plus.

Le Bon a vu, avec chagrin, rester sans emploi, faute de temps, les matériaux de toute nature qu'il avait accumulés pendant sa longue et laborieuse carrière. Aussi s'écrie-t-il, avec plus de vérité que de résignation :

> On laisse plus de choses à faire après sa mort que de faites !

Il est passionné pour l'étude :

> L'eschole est une piscine de vie.
> Les riches ignorants sont pécores à la toyson d'or.

Par conséquent, il aime les livres publiés par les savants qui ont étudié comme lui.

> La table est bien couverte, quand elle est tapissée de livres.
> Le livre faict vivre.
> Qui lit est au bal.
> Le bon livre vieillissant rejeunit et florist.
> Muraille écrite sert de peinture et de leçon.

Il était assurément de l'avis d'un de ses contemporains qui, à la fin d'une mince plaquette intitulée *Perpétuelle Pronostication*, etc., imprimée à Lyon, chez

Benoist Rigaud, donnait un *Régime pour toutes gens*, en dix-neuf conseils, parmi lesquels nous relevons ceux-ci :

> Achepte des armes en temps de paix;
> Achepte des joyauz et bagues en temps de guerre;
> Achepte des livres en tous temps.

§ 10.

C'est une opinion ancienne et non contestée que le lieu où foisonne le plus la figure de rhétorique, c'est la halle. Le Bon dit avec la même vérité :

> On a plus tost appris une langue en cuisine qu'en une eschole.

Il définit spirituellement la chanson :

> En une chanson, n'y a qu'un bon mot.

Il a, à un haut degré, le sentiment poétique :

> Rime approche autant de poésie que prudence de folie.
> Il faut ennoblir son esprit et faire son âme reine.

Suivant lui, nous devons circonscrire le champ de nos études :

> Tout sçavoir est rien sçavoir.

Toutefois il lui échappe l'aveu de cruels mécomptes :

Qui s'amuse trop à son livre, ne remplit point la tire-lire.
Le *spes* ne paist.
Que vaut l'étude, si l'on n'en vit?

Il dit encore, mais ce n'est plus vrai de nos jours :

A gens de lettres, honneurs sans richesse.

Enfin il ajoute, sans doute avec satisfaction :

Les inimitiés des lettres ne sont gladiatoires.

Il aurait pu en dire autant des luttes oratoires du barreau, malgré des traits trop acérés qui n'ont pas toujours l'improvisation pour excuse.

En sa *Philippique*, de 1557, Le Bon reproche à Ramus (La Ramée) d'avoir injustement attaqué Aristote. Il y blâme les novateurs qui veulent réformer l'orthographe, dans le but qu'on écrive désormais comme on parle : « Le gentil *Pindare* (nous avons vu Le Bon donner « ce nom à Ronsard) pour exemple, de nostre il sub- « strait *s* et écrit *notre*, sans *s*. Toutefoys ne voulant « estre ingrat, mais libéral, en croyant *corriger Magni-* « *ficat à Matines*, pour *s* il met, dessus *notre*, un « accent circonflexe (nôtre) ; ignorant, comme il m'est « à veoir, que *s*, en ce mot, cause une symétrie indi- « cible, que ne sçauroit faire l'accent circonflexe. Et « mesme aujourd'huy, quasi tous nos Françoys, sur- « tout les Provençaux, Gascons, Daulphinoys, Lyon- « nois et autres prononcent *nostre* avec *s*, sinon qu'il

« aye faict, pour mignarder mes dames de la Cour, « que la paoure *s* soit bannie de *nostre,* afin qu'elle ne « leur écorche la langue, comme ont peur les Parisiens « que Pantagruel ne les happe au gosier, en prononçant « *mary* par *s* (masy), non par *r,* comme il fit à ce ma- « lotru de Lymosin. » (Rabelais, liv. II, ch. VI. — Comment Pantagruel rencontra ung Lymosin qui contrefaisoyt le languaige Françoys.)

§ II.

En 1557, fut publiée, à Paris, la première édition des *Adages Françoys,* recueillis par J. Le Bon, Hétropolitain. Nopitsch, bibliographe allemand, dit avoir vu, à Nuremberg, un exemplaire de ce recueil (gr. in-16 de 58 feuillets) dont on lui doit la description. Les proverbes y sont entassés pêle-mêle, en sorte que toute recherche y est très difficile. Aussi, dans une préface qui occupe, après le feuillet de titre, les quatorze premières pages, et qui a été reproduite dans la deuxième édition, l'auteur dit-il lui-même : « Amy Lecteur... « Je ne les t'ay mis par ordre (les *Adages*) ; car, pour « la première impression, tu te dois contenter ; mais, « à la seconde, si je ne te rends des *Achillades (Chi-* « *liades)* autant complettes que celles d'Erasme, je « veux que tu dies mal de moy. »

Il lui fallut bien longtemps pour quadrupler son œuvre. Dans une épître mise en tête de la *seconde partie* (postérieure de vingt ans à la première), il dit à

Ronsard : « J'ay pensé et repensé par plusieurs fois, « y a maintes années, qui pourroit estre autheur, « source et fontaine de la rythme de laquelle usent « aujourd'huy toutes les nations pour poésie... En « la première partie des *Adages*, j'en avois jà dict « quelque chose qui ne me contentoit nullement. Et « depuis l'âge, le temps... j'ay enfin trouvé... »

En juin 1576, dans son traité des *Bains de Plombières*, Le Bon annonçait, en ces termes, la deuxième édition de son recueil : « Dedans brefs jours, je mettray en lumière les Adages ou Proverbes de *Salomon (sic)* de Vosge. » Et, dans une épître *à Monsieur de Baïf*, imprimée en tête de la *Troisiesme partie des Adages*, avec la date *A Poictiers, ce 1er octobre 1577*, il nous apprend que cette deuxième édition, provoquée par Baïf lui-même, est enfin terminée. « Ayant « eu (dit-il) en singulière recommandation tes *Mimes*, « je n'ay voulu faillir de te donner matière et nouveau « subject (comme auparavant m'en avoys requis) de « proverbes et adages [1], etc. »

Cette seconde édition fut, en effet, publiée *(sans date)* en 1577, peu de mois après le décès de Remy Belleau, qui était mort en mars, cette année même. En y joignant la préface de la première édition, Le Bon

1. Le recueil de Baïf, dont parle Le Bon, est intitulé *Les Mimes, enseignements et proverbes de Jan Antoine de Baïf*, et paraît avoir été publié, pour la première fois, à Paris, chez Lucas Breyer, en 1576 (in-12). Il n'y avait d'abord que deux livres. L'auteur en ajouta deux autres, dans l'édition de 1597 (Paris, Mamert Patisson), en mettant sans doute à profit la seconde édition des *Adages* de Le Bon, qui l'y invitait d'avance.

n'a songé à supprimer, dans cette ancienne préface, ni la promesse, pourtant largement réalisée, d'une augmentation considérable du nombre des Adages, ni cette autre promesse, demeurée vaine, de les mettre en ordre. Voici le titre de cette deuxième et dernière édition, on ne peut plus rare :

Adages | et Proverbes | de Solon | de Voge | Par l'Hétropolitain | Premier livres, deux trois, | et quatriesme. | Reveue par l'Autheur. | A Paris, | Par Nicolas Bonfons, de | meurant en la rue neu | ve nostre Dame, à | l'enseigne Sainct | Nicolas.

C'est un volume in-16, de vingt feuilles signées A.-V., contenant 160 feuillets non chiffrés. Si le nom de Le Bon ne figure plus sur le titre général, il est maintenu en tête de la première partie, ainsi intitulée : « *Adages Francoys* | *recueillis par Jean le Bon,* | *Hé-* « *tropolitain.* » La première feuille est remplie par le titre général et la préface. Les feuilles 2-19 contiennent les *Adages* qui finissent dans la feuille T au folio VI recto. La vingtième et dernière feuille est occupée par des *Questions Énigmatiques,* qui commencent dans la feuille 19, immédiatement après les *Adages* [1].

Les incorrections typographiques du titre suffisent à faire comprendre qu'il y en ait beaucoup d'autres dans le cours du livre. Plusieurs proverbes ont été défigurés par le compositeur d'imprimerie, à ce point

1. La queue de treize dictons qui, au feuillet F iiij, suit, pêle-mêle, la première partie des *Adages,* publiée en 1557, a été ajoutée dans l'édition de 1577, puisqu'on y lit :

Mil cinq cens septante et six, le Champenoys à fin fut mis.

qu'ils en sont devenus inintelligibles. Ajoutons que le sens de bon nombre d'autres, qui était déjà obscur, au temps de Le Bon, et cela, le plus souvent, par l'effet de sa propre volonté, nous échappe entièrement aujourd'hui. Comment s'en étonner, quand il dit lui-même :

Tout escrit est énigmatique.
Le proverbe signifie tout ce que le liseur voudra.

Du livre des *Adages* on ferait le meilleur recueil de proverbes, rien qu'en y mettant, dans la mesure possible, l'ordre qui y fait absolument défaut, et en ayant soin de l'expurger de certains mots par trop malsonnants, qui, même au XVIe siècle, devaient déjà être déshonnêtes, puisque plusieurs d'entre eux ne sont indiqués que par leur lettre initiale ou par leur anagramme. Le Bon, qui aime trop le *mot pour rire* (c'est son expression), croit lui-même devoir s'excuser à cet égard, en disant :

En plusieurs lieux, la Chiliade [1]
Que ces escrits-ci est plus sale.

et en confessant, par deux fois, que :

De choses licencieuses ne s'en faict rien admirable.

Il avoue même qu'il y a une limite au badinage :

On a assez fait le fol ; que sert de tant folier!

1. Érasme, né à Rotterdam et décédé à Bâle en 1536, a publié un recueil de proverbes, traduits par lui du grec, sous le titre de *Adagiorum Chiliades*, parce que les proverbes y sont divisés par séries de mille. Toutefois Érasme écrivait en latin ; Le Bon, en

Après avoir énoncé une vérité consolante :

> Maints livres ne durent pas plus que leurs affiches,

Le Bon ne craint pas de dire de son propre ouvrage :

> Le foliage entier du Vosgien Solon
> Durera plus que tel qui se croit un Platon.

Avec cette prétention, d'ailleurs légitime, il ne pouvait évidemment se borner au rôle d'un compilateur de proverbes; en effet, il le déclare nettement :

> Ce n'est rien dit, qui ne dit que ce qui est aux livres.

En conséquence, Le Bon sème à pleines mains, dans son recueil, des sentences, maximes et pensées qui sont évidemment de son cru, et qui étonnent sou-

français. Il est vrai que Boileau n'avait pas encore formulé cet honnête précepte :

> Le latin, dans les mots, brave l'honnêteté;
> Mais le lecteur français veut être respecté.

Le Bon n'ignorait certainement pas que le fil de soie sort de la bouche du *bombyx* (chenille du mûrier blanc), qui s'encellule ainsi lui-même dans le cocon, où il se transformera successivement en chrysalide et en un lourd papillon nocturne. Pourquoi donc se complaît-il à dire :

> Les vers ont *chié* la soie. — La soie est un *étron* de ver.

Si, sans reculer devant la grossièreté des mots, il tenait à établir énergiquement un contraste entre la richesse de la soie et son infime origine, pourquoi ne restait-il pas dans la vérité, en disant :

> Les vers ont *vomi* la soie. — La soie est un *dégoisement* de ver.

Assurément il eût mieux valu se taire complètement sur ce point.

Le Forézien André Valladier, né à Saint-Pal-en-Chalancon

vent par leur hardiesse ou leur profondeur. Voici, du reste, le jugement que, dans son épître à son ami Baïf, il porte lui-même sur son œuvre, avec un certain air de modestie : « N'y a point d'érudition, sinon que « Solon se trouve parfois législateur, philosophe, mé- « decin et homme de tous estats. Ainsi, hors de nos « bonnes estudes, recrérons noz esprits par ceste « voye. » En effet, notre auteur se plaît à dire, en tête du *Livre quatriesme* et dernier de ses *Adages :* « *Sales appellantur omnis vitae lepos et summa hilaritas,* « *laborumque requies.* » Il ajoute *passim :*

Le mot pour rire.
La vie s'use en riant.
Le Vosge rit mieux que tout Rome.

Or, le Vosge, c'est Le Bon lui-même.

(*a sancto Paulo Forezïensi*), prédicateur célèbre sous Henri IV et Louis XIII, contemporain et ami d'Estienne Pasquier, reproduisait la fausse et répugnante image de Le Bon, en un sermon du premier jour de carême, contre le luxe de la toilette des femmes, publié à Rouen, en 1628, sous le titre de *Métanéalogie sacrée :* « Glorieuses ! « Çà, il faut que je vous mette de la cendre sur la teste. Damoy- « selles, que faites-vous autre chose, avec cet appareil Vénérien, « qu'une protestation de vostre vilité et vanité devant Dieu et de- « vant les hommes, chargeant et adultérant vostre poil de cendre « et de poudre, plastrant votre visage de fange et de céruse, ves- « tant tout vostre corps de soye, qui n'est qu'une *fiente de vers* « esclos d'un graine qui n'est que poussière ? » Le mauvais goût n'a jamais manqué d'imitateurs.

Après le langage inexact et malséant de Le Bon et même de Valladier, on est charmé de ce proverbe oriental, si frais et si gracieux :

Avec le temps et la patience, la feuille du mûrier devient du satin.

§ 12.

Philosophe spiritualiste, Le Bon adore Dieu, éternel, créateur du monde et souverain juge. Chrétien et catholique, il honore la religion avec ses mystères et ses sacrements. *Foy et science*, dit-il; en d'autres termes, la science peut corroborer, mais non contredire la foi. Sa croyance est que l'homme, créé au paradis, doit pratiquer sur la terre les préceptes divins ; et que, en récompense d'une bonne vie, il est appelé à *reprendre sa lettre de naturalité aux cieux*. Si les confrères de Le Bon lui avaient tous ressemblé, on n'aurait jamais pu dire : « *Ubi tres Medici, duo Athœi.* » Voici quelques dictons qui établissent pleinement son orthodoxie :

> L'entendement ne garde pas la personne. Car c'est Dieu qui faict la créature, la conserve tant qu'il luy plaist; et ainsi évadons mille périls par sa grâce.
> On est à Dieu ou au diable.
> Il ne perd rien, qui ne perd Dieu.
> Qui perd sa foy, il ne peut perdre davantage.
> Qui bien ayme Dieu, ayme l'Église.
> Qui bien vit, sauvé sera.
> C'est une grande charge que d'âmes.
> Qui a charge d'âmes, ne les conduit pas à Basle [1].

1. Bâle, ancienne résidence de Calvin.

Qui ne veut croire au Sacrement[1], veut nier le grand océan.

Qui s'apose à la Trinité, il apose malheurté.

Tout escript est énigmatique, hormis la saincte escripture.

Reliques sont perdues entre pieds de pourceaux.

La croix est l'eschalier des cieux.

Le médecin est demi-prestre.

Si les prestres estoient morts, les médecins chanteroient messe.

Si le médecin ne peut sauver le corps, il faut sauver l'âme.

Dans son traité des *Bains de Bourbonne* (chap. VII), Le Bon ajoute :

« Les bains sont une saincte eau béniste du paradis, « où nous cognoissons l'immense bonté et largesse du « bon Dieu, qui nous a donné, en ceste terre, tous ces « biens et félicitez pour signals des choses plus par- « faictes et heureuses que nous espérons avoir en son « palais et théâtre. »

Mais la religion de notre philosophe est élevée et exempte de certaines pratiques, quelque peu superstitieuses, des bonnes gens. Aussi dit-il en son traité des *Bains de Plombières* (chap. IX) : « Le vulgaire « estime et croyt que les Saincts guérissent les mala- « dies qui, de nom, approchent les noms d'iceux, « comme : Saint Genez, les genaucheries et sorcelle- « ries ; Saint Hytrope, les hydropiques ; Sainte *Rène* « ou *Regina*, la rogne et galles ; accroissement à ce

1. Sacrement de l'*Eucharistie*.

« point-là faict par petits libelles de gens qui ont du « profit et qui, par là, se veulent enrichir. Je révère « le vray martyrologe; car là, outre les belles et « sainctes histoires, outre encore y voyez-vous force « antiquité. »

Le Bon comprenait à merveille que la naissance du Protestantisme n'avait d'autre cause que l'intérêt temporel de ses promoteurs. Il dit en effet, en 1573, dans *Le Tumulte de Bassigni*, où il raconte la surprise, cette année-là, du château de Choiseul (*Caseolum*) près Chaumont, et sa reprise presque immédiate par les troupes du Roi, que commandait le cardinal de Lorraine : « Les Huguenots... se plaisent à veoir deux églises « contraires, comme deux corps à un mesme chef; « desquelles il faut, par nécessité, que l'une soit adul- « tère... Plusieurs font mine d'estre bien empeschez « à discerner la vraye espouse de Jésus-Christ d'avec « la paillarde... Or ceux qui veulent double reli- « gion... seroient marris de voir le monde tout réuny « en une église; et ayment mieux... jouyr de ce « qu'ils appellent LIBERTÉ DE CONSCIENCE..., que, la « vérité congneue et les abus corrigés, estre contraincts « de rendre obéissance à ceux auxquels Jésus-Christ « mesme a commandé d'obéir [1]. »

1. Nous citerons encore ici quelques lignes intéressantes du *Tumulte de Bassigni :* « Fust rendu le chasteau (de Choiseul), par la « grâce de Dieu et du benoist sainct Jangon, qui fut tué par son « adultère, duquel les reliques y sont gardées et honorées par les « gens de bien et bons catholiques, et ne voulut souffrir qu'elles fus- « sent pollues par telle manière de gens... Et depuis, le commande- « ment du roy a esté fait de raser la place... L'armée estoit

§ 13.

Pour être catholique orthodoxe, Le Bon ne s'en montre pas moins modéré envers les novateurs en religion. Il avait en effet trop de sens pour ne pas comprendre que les persécutions les plus violentes ne servent qu'à fanatiser les sectes religieuses, et qu'elles ont fait la force et la gloire du Christianisme naissant. Aussi pose-t-il cet axiome aussi vrai que charitable :

Le cousteau n'apaise l'hérésie,

comme il aurait pu dire du supplice du feu :

La flamme du bûcher brûle et n'éclaire pas.

Le Bon reproduit çà et là, dans son recueil, sous forme de dictons, les griefs allégués par les protestants pour entreprendre ce qu'ils ont fort improprement qualifié de *Réforme*, notamment leurs attaques, tout au moins exagérées, contre les abus qui avaient pu se glisser, avec le temps, dans l'Église, et les torts d'une

« de cinq mille bouches qui ont tant ruiné le pays, outre ce qu'il « estoit déjà en extrême nécessité, qu'il lui couste plus de cent mille « livres. Canton de terre affligé de toutes sortes du monde, pour « avoir esté, depuis dix ans, le secours ordinaire de plusieurs « armées; de façon que le bon et riche laboureur, qui soûloit vivre « en sa maison, à son aise, est, pour le jourd'huy, contrainct de « mendier d'huis en huis, ou de chercher des herbes contre la rage « de la faim, comme les bestes brutes; et le void-on mourir, par « les chemins, de pauvreté ainsi que de belle peste. »

faible partie du clergé. Or les *ministres de la nouvelle religion* tiraient sur eux-mêmes en demandant l'abolition du célibat ecclésiastique ; car ils s'avouaient par là incapables d'observer le vœu de chasteté. En effet le moine augustin, Martin Luther, n'épousa-t-il pas, en 1525, la religieuse Catherine de Bora, qu'il avait séduite? Et les ministres, à son exemple, ne se recrutèrent-ils pas principalement de ceux d'entre les prêtres catholiques qui méritaient les objurgations des protestants? C'est ce qu'a fort bien prouvé Le Bon, en citant un dicton aussi bref qu'énergique, suivi d'une explication naïve :

> *Crever l'évangile.* — Certains réformez se prindrent à leurs chambrières et les engrossèrent; qui fut une risée au peuple. Dont fut né ce proverbe [1].

Le catholique Le Bon ne se laissa donc pas enrôler dans la milice *évangélique* dont, à l'exemple de Rabelais, il dédaigna les avances. « Calvin (dit Nisard (dans sa *Littérature française*) avait conçu de grandes « espérances, pour l'avancement de la *Réforme*, sur ce « vaste savoir et sur ce trésor de raillerie et de satire. « Ce qui le prouve, c'est la vivacité de son désappoin- « tement quand Rabelais tourna le dos à la Réforme et

1. Oudin, érudit français, décédé en 1717, était religieux de l'ordre de Prémontré, lorsqu'il abjura à Leyde. Comme ses nouveaux coreligionnaires le pressaient de se marier : « J'ai (répondit-il) « embrassé le Calvinisme par amour pour la vérité, mais non afin « de m'affranchir du vœu de chasteté. » De nos jours, un carme est, comme Oudin, sorti du giron de l'Église romaine ; mais, *quelque diable le poussant*, il a aussitôt pris femme.

« en vint, comme dit Henri Estienne, jusqu'à jeter des « pierres dans le jardin des Réformés... Rabelais ne « se lia avec les protestants que par la science et n'at- « taqua dans les Catholiques que les abus. »

Les abus manquaient-ils donc chez les protestants ? Voici un échantillon des reproches précis et nettement formulés que leur adressait Ronsard, dans son remarquable *Discours des misères de ce temps*, publié en 1564 (Œuvres complètes de Ronsard. — Paris, 1857-1866, t. VII, p. 25 et 27) :

Ah ! que vous estes loing de nos premiers docteurs
Qui, sans craindre la mort ny les persécuteurs,
De leur bon gré s'offroient aux plus cruels supplices,
Sans envoyer, pour eux, je ne sçay quels novices !
. . . .
. . . .
Mais montrez-moy quelqu'un qui ait changé de vie,
Après avoir suivy vostre belle folie !
J'en voy qui ont changé de couleur et de teint,
Hideux en barbe longue et en visage feint,
Qui sont, plus que devant, tristes, mornes et palles,
Comme Oreste, agité de fureurs infernales.
Mais je n'en ay point veu qui soient, d'audacieux,
Plus humbles devenus, plus doux ni gracieux ;
De paillards, continents ; de menteurs, véritables ;
D'effrontez, vergongneux ; de cruels, charitables ;
De larrons, aumosniers ; et pas un n'a changé
Le vice dont il fut auparavant chargé.

Dans son perspicace bon sens, Le Bon entrevoyait, sous la prétention au libre examen en matière de foi, le germe secret des révolutions politiques et sociales ; et il ne se trompait pas. La prétendue Réforme religieuse, au XVIe siècle, et la Commune de Paris, en 1871, sont mère et fille. Aussi aucun ministre protestant n'a-t-il eu l'honneur, les 24 et 25 mai, d'être associé aux prêtres catholiques, dans les massacres des prétendus otages. Mais le temps de l'égalité dans la persécution paraît approcher ; et, dès qu'elle en aura la force, la fille tuera la mère. L'athéisme, dans sa sauvage logique, ne demande-t-il pas, aussi bien contre les Protestants et les Israélites que contre les Catholiques, l'enseignement laïque et obligatoire et la suppression du budget des cultes, en attendant qu'il brûle, dans la France entière, les Églises, les Temples et les Synagogues, comme il a fait, à Paris, des Palais de la Monarchie et de la Justice et même de l'Hôtel de Ville !

§ 14.

Sujet loyal, Le Bon respecte le Roi et son autorité souveraine :

> Qui faict libelle contre un Roy, mérite les rigueurs de la loy [1].
> Qu'est-ce qui faict l'homme meschant ? Trop grande licence.

Il déplore les guerres civiles, qu'il appelle les *Grands Jours des Cieux*. Dans son ardent patriotisme,

1. Mais il constate l'utilité des *Assemblées Provinciales* ou *Générales :*

> Les Estats conservent l'Estat.

il flétrit les misérables qui exploitent les calamités publiques :

> Qui veut faire de tout profit, du bien public est ennemi.

Il gourmande les égoïstes et les indifférents :

> Qui meurt sans avoir fait profit à la république, meurt en bête.
> On ne se soucie que tout devienne, mais que l'on se garde et maintienne.

Il raille les politiques ignorants, qui pérorent sur les affaires d'État :

> Tel parle de l'estat du royaume, qui n'est qu'un sot et un fantôme.

Il résume ainsi les devoirs de l'homme et du citoyen :

> Fiancer la Vertu ; espouser sa Patrie.

Et il développe cette noble maxime en ces termes :

> L'homme est né pour profiter, bien faire, vivre et mourir pour sa patrie. . . . .
> pour laquelle garder, maintenir et augmenter, toutes nations du monde, tant barbares que non barbares, se sont mises librement, franchement et volontairement, à tous dangers et espèces de mort (Traité des *Bains de Bourbonne*, ch. VI)[1].

1. Notre vrai patriote avait lu, dans les *Offices* de Cicéron, cette noble maxime empruntée à Platon : « *Non solum nobis nati sumus;* « *debemur et amicis; debemur et patriæ,* » maxime ainsi traduite,

Aussi Le Bon s'indigne-t-il des invasions des Rheistres et des Lansquenets en Champagne et en Lorraine, et rêve-t-il l'agrandissement de la France, en des limites qu'il indique par ce sage conseil :

> Outre les bornes qu'a fait nature, n'y entreprends guerre aucune.

C'est un fervent apôtre de la *liberté* et de l'*égalité* :

> Quelle est la chose plus précieuse que l'or? La liberté.
> Le Tiers-estat est la pépinière de noblesse.
> Le sang du soldat fait le grand capitaine.
> Richesse fait le comte, marquis, duc, empereur.
> Homme, comme le Roy... prestre, comme le Pape.
> L'Empereur n'est qu'un homme [1].
> L'Impératrice est une femme.

par Geoffroy Tory, dans son Champfleury : « *Nous ne sommes pas* « *nez en ce monde seulement pour nous, mais pour faire service et* « *plaisir à noz amys et à nostre païs.* »

1. Allusion à Charles-Quint, le puissant empereur d'Allemagne, qui, après son abdication, mourut au monastère de Saint-Just, le 21 septembre 1558. Cette maxime et la suivante ne se trouvent pas dans l'édition de 1557, antérieure à la mort de l'Empereur.

Le Bon dit encore :

> Orgueil et Folie sont deux *Carolus de Bezançon.*

Or cette monnaie était à l'effigie de Charles-Quint.

Pourquoi le Dr Bougard a-t-il substitué *Le Roi* à *L'Empereur*, dans le dicton de Le Bon? Et comment a-t-il pu attribuer à Le Bon cet irrévérencieux dicton, inclus aux *Mimes* de Baïf, son contemporain :

> Dieu sçait comment se font les Papes!

Il est vrai qu'on lit au recueil de Le Bon :

> Il faut avoir du nez pour estre Pape.

Mais ce dicton, que rien ne démontre être son œuvre, et qui

Qu'importent les généalogies?

ajoute-t-il, après Juvénal, dont la satire VIII, *Aux Nobles*, se résume dans ce vers final : « *Nobilitas sola « est atque unica virtus :* La seule et unique noblesse, « c'est la vertu. »

Le Bon compose, sur le même sujet, ce distique :

Semper nobilitatis ubique est plebs seges una;
Vulgus nobilium solaque materia.

Et il ajoute :

Il n'est vilain, qui ne faict la vilennie.
Quelle est la pierre la plus précieuse et nécessaire? La meule d'un moulin.
En quoy, en ce monde, sont les petits égaux aux grands; les serviteurs, aux maistres; les pauvres, aux riches; et les misérables aux heureux.

L'honnête médecin du Cardinal de Guise s'apitoie profondément sur le triste sort du peuple des villes et des campagnes, grugé par les usuriers, les gens de loi et les ordres privilégiés, et spolié, tour à tour, par les bandes armées, françaises et étrangères.

Princes, estant faicts de nouveau, mènent le peuple au tombeau.
Les princes n'ont point de chemin.
Haine de prince signifie mort d'homme.
Trop de chasteaux en France; et, de là, trop de pauvres.
La noblesse vit de proye.

est d'ailleurs susceptible d'interprétations diverses, n'implique pas nécessairement une attaque contre la papauté.

Qui porte épée vit de force. — Force n'est pas droit.

Le noble est l'araigne; et le paysan, la mouche.

Foy de gentilhomme! Un autre gage vaut mieux.

Les porte-espée de la France, des laboureurs en font leur panse.

L'espée du noblet lui sert de faucille et de charrue.

Jamais homme ne gaigne de plaider à son seigneur.

Le laboureur n'a rien à soy; et si avons-nous prou de loix.

Les loix ont le nez de cire.

La raison et la loy sont au bout de la pistole.

Le surgin et le clergin font mourir le peuple de faim.

Qui faict corvée, pâtit longue chorée.

Qui auroit le dixme de ce qu'on faict, on vivroit de dixme.

Enfin, après avoir formulé cette insolente prétention attribuée à des parvenus éhontés :

Si le peuple est contrainct de courir çà et là,
C'est qu'il n'est né que pour cela,

Le Bon la conspue aussitôt, en un latin aussi énergique que concis :

Inexpiabile dictum eorum qui rem suam privatam, in copiâ et vulgi sanguine, augere tentant.

En présence de ces libérales idées que nous cueillons çà et là, nous taxera-t-on d'exagération pour avoir, en tête de notre opuscule, présenté notre penseur du XVIe siècle comme le précurseur le plus net des sages réformateurs de la société française, en 1789?

§ 15.

L'*Etymologicon* de Le Bon, disposé comme un vocabulaire, suivant l'ordre alphabétique, contient ce curieux article :

« *Vermillon à vernix ;* mais il signifie aussi la plante « du vermillon et est un arbolet cognu, à Tarascon, « des petits enfants, qui vont, es montaignes, cueillir le « grain et en gaignent leur vie. Les Arabes l'appellent « *Chermès* dont est faict le cramoysi ou chremoisi. Et est « la confection d'Alchermès admirable, si les apothicaires « n'en abusoient. Qui faict que le médecin ne faict la cen- « tiesme partie de ce qu'il doit, c'est le marchandelet « apothicaire, lequel, pour tout *récipé* et décoction, « pour son aise, facilité et avarice, tue le malade et « trompe le sot médecin qui n'y regarde de près. Le « proto-médico, en Espaigne, visite bien, fort souvent, « les boutiques et meine le bourreau avec soy ; et les « drogues adultérées et abusives faict brusler en plein « marché, *cum multâ* (ou mulctâ) *et notâ infamiae phar-* « *macopolae et hydropolae.* »

Un des proverbes ruraux, colligés par Le Bon, est ainsi conçu :

Gland sans vremol et peu d'hyver
Met au porc le mal sainct Hubert.

En voici une explication qui nous semble des plus satisfaisantes :

Vremol ou *Vremoil* est la même chose que notre mot

Vermeil, qui nous sert à exprimer le rouge rosé et qui a ce sens parce que le rouge rosé se faisait autrefois avec l'insecte du *Quercus coccifera.* Or cet insecte était, aux yeux de nos pères, un vermisseau, ou, comme ils disaient en leur langage, un *vermeil* (*vermiculus,* diminutif de *vermis*). La métathèse *vre,* au lieu de *ver,* est des plus fréquentes dans nos patois ; et la désinence *oil,* au lieu de *eil,* ne surprend pas, si l'on songe à nos *avois, étois, françois,* de l'ancien temps. Le sens du dicton lorrain, cité par Le Bon, est donc que le gland, sans vermisseaux, rend le porc enragé. Cela nous reporte au temps où les porcs allaient chercher leur nourriture dans les bois, en vertu du droit de *Glandée,* inscrit dans toutes les anciennes coutumes. La glandée s'est appelée quelquefois *Vermillage;* ce qui prouve l'importance que l'on attachait au ver, comme élément de la pâture des cochons. De même, *mener la volaille au vermeil,* c'était la conduire là où l'on savait qu'elle trouverait des vers.

On lit au Traité des *Bains de Plombières :*

> Le moine, qui trouva la poudre et le canon, ne les pensoit pas trouver, ains faire quelque autre chose.

On lit encore dans les *Adages :*

> Le moine, qui trouva la poudre à canon, vouloit miner Enfer.

Notre auteur désigne ainsi, d'accord avec l'opinion commune, l'Anglais Roger Bacon, moine franciscain, décédé vers 1292. Cependant il paraît constant que les armes à feu ne firent leur apparition qu'en 1346, à la bataille de Crécy, dans l'armée d'Édouard III. En effet, d'après un mémoire de M. Chorrio, conservateur de la bibliothèque Médicis, à Florence, l'inventeur de la poudre serait Giuseppe Bassigno, savant du XIVe siècle. Le manuscrit, dans lequel M. Chorrio a fait cette trouvaille, était connu depuis longtemps ; mais le nom de Bassigno étant mal écrit, on avait cru y voir une altération du nom de Bacon. Le savant bibliothécaire a pu reconstituer la vie de Giuseppe Bassigno qui, né à Montbéliard, se trouve être, en quelque sorte, d'origine française.

§ 16.

Le Bon a recueilli, ou composé lui-même, un très grand nombre de dictons sur les femmes. La plupart sont tels qu'ils donneraient certainement à réfléchir à un *laudator temporis acti ;* aussi ne reproduirons-nous que la fleur du panier.

Deux yeux ne sont pas suffisants pour prendre femme.
Il est plus aisé à se sauver qu'à se bien marier.
On ne rit pas tousjours en ménage.
La coste d'Adam a plus d'aloès que de miel.
Les femmes sont tousjours meilleures l'année qui vient.
C'est grand miracle si une femme meurt sans faire folie.

La plus sage est la moins folle.

La femme estime tousjours son voysin estre de violette.

Une femme ne cèle que ce qu'elle ne sçait pas.

Il faut craindre sa femme et le tonnerre.

A qui Dieu veut ayder, sa femme lui meurt.

Femme se plainct, femme se *deult*. — Femme est malade quand elle veult [1].

Quand et en quoy ne faut-il croire la femme? En trois choses : Premièrement, si elle pleure; car les femmes jettent des larmes quand elles veulent. Item, si elle se dit malade, ne la croy pas que premier tu ne la voye morte. Et, si elle faict la petite bouche, qu'elle ne mange des viandes qui seront sur la table, ne croy qu'elle soit à jeun, ains qu'elle a mangé et beu tout son saoul à la cuysine.

Cependant, après le *contre*, le *pour* :

Il est bien allié, qui a une bonne femme.

La femme est la clé du mesnage.

Du reste, Le Bon formule nettement le devoir réciproque de fidélité entre les deux époux :

La chasteté est le plus beau douaire de la femme.

Un homme marié ne doit servir qu'à sa femme.

1. Ce dicton est extrait de la première partie des *Adages*, publiée en 1557. En outre, dans son opuscule *Le Rhin au Roy*, daté de 1568, notre auteur fait dire au Roi par le Rhin :

> Jl me *deult* d'estre si longtemps soubz main estrange.

Le Bon et, après lui, Mathurin Régnier paraissent avoir seuls employé au présent le verbe *se douloir*, exhaler sa *douleur*. Régnier dit, en l'une de ses *Satires* :

> Mais ce dont je me *deulx* est bien une autre chose.

Il veut enfin que le célibataire respecte la femme honnête :

Il ne faut rien demander à une femme de bien.

Et il donne au sexe faible cet avertissement salutaire contre les mille embûches tendues à sa vertu :

L'homme est à se pourvoir; la femme, à se garder [1].

Encore deux dictons, dont le premier n'est pas à l'honneur de certains maris, et le second est digne de figurer dans les *Ruses des femmes* :

Une femme pour la génération; l'autre, pour rire.
Quand l'Esprit vient à la maison, — Il y a de la venaison.

On pourrait croire que Le Bon n'a pas eu beaucoup à se louer de sa belle-mère :

Les belles-mères ne vivent que trop;

ni de sa marâtre, s'il en avait une :

Qui a marastre, il a le diable à l'astre.

Quoi qu'il en soit, il conseille aux poètes la chasteté :

La Femme et la Muse sont plus contraires que l'eau et le feu.

1. Si les fameux dialogues du xve siècle, entre Salomon et Marcoul, se refaisaient de nos jours, en certain pays où les filles, la plupart sans dot, jouissent, sous l'appellation peu galante de *Husband-Hunting,* d'une entière liberté pour la chasse au mari, Salomon pourrait sans doute dire, comme Solon de Vosge : « Homme « est à se pourvoir, femme est à se garder. » Mais son subtil interlocuteur ne faillirait pas à lui répondre, par simple inversion : « *Femme est à se pourvoir, homme est à se garder.* »

Le respect de notre moraliste pour la sainteté du mariage explique, sans la justifier entièrement, sa malveillance à l'encontre des enfants issus de relations illégitimes :

> Le bastard faict choses énormes,
> Pour estre né contre les *normes*.
> Quand un bastard faict bien, c'est d'aventure ;
> Quand il faict mal, c'est sa nature.

On connaît cet autre dicton, usité encore aujourd'hui, mais qui nous a toujours semblé une dérision amère : *Heureux comme un bâtard !* Remonterait-il à Guillaume le Bâtard, duc de Normandie, qui fit, au XIe siècle, la conquête de l'Angleterre ? Mais ce monarque reçut le coup mortel dans l'incendie de la petite ville de Mantes-sur-Seine, qu'il avait allumé. Il est vrai que, dans l'ancien régime, les bâtards des rois étaient princes ; ceux des princes, gentilshommes. Mais ceux des gentilshommes n'étaient que roturiers ou vilains.

§ 17.

On ne saurait méconnaître, en Le Bon, un satirique original et plein de sel gaulois, qui se place chronologiquement entre Rabelais et Montaigne, sans égaler toutefois ni l'un ni l'autre de ces illustres maîtres. Il connaissait évidemment les œuvres du *Curé de Meudon,* décédé, suivant l'opinion commune, en 1553. Il dit, en effet, dans ses *Adages* (*seconde* partie) :

> Rabelais, tout en se jouant,
> Vainct cil qui fera à *etiam* [1],

c'est-à-dire l'emporte sur celui qui écrit à son ESCIENT (sérieusement). Mais la deuxième et dernière édition des *Adages* a paru en 1557, tandis que la première édition des *Essais* de Montaigne ne fut publiée à Bordeaux qu'en 1580. Cependant ces deux philosophes, si bien faits pour se comprendre, ont dû se rencontrer dans leurs voyages, notamment à Paris. On sait d'ailleurs qu'en cette même année 1580, Montaigne, alors âgé de quarante-sept-ans, a, du 16 au 27 septembre, passé onze jours consécutifs à Plombières, résidence favorite de Le Bon, qui, quatre ans auparavant, avait publié son traité sur cette station thermale [2].

Plombières est ainsi décrit, dans le *Journal du Voyage de Montaigne* (Paris, de Querlon, 1774) : « Ce lieu est « assis aux confins de la Lorraine et de l'Allemagne, dans « une fondrière, entre plusieurs collines hautes et cou-

1. Le Bon dit ailleurs :

> Quand la beste se veut perdre à son *etiam,* il la faut laisser aller.
> Qui le bien voit et le mal prend — Faict folie à bon *esciant.*

2. Michel Eyquem de Montaigne était noble d'extraction. Bien que la famille de Le Bon soit inconnue, on peut affirmer qu'elle n'appartenait pas à la noblesse. Mais l'ami de Pierre de Ronsard dit fièrement dans ses *Adages :*

> La plume d'un médecin vault bien l'espée d'un gentilhomme.

« pées, qui le serrent de tous costés... Ce being avoit « autrefois esté fréquenté par les Allemans seulement; « mais, depuis quelques ans, ceux de la Franche-Conté « et plusieurs François y arrivent à grande foule. »

Le Bon, de son côté, avait dit en 1576 : « Plombiè- « res est en Lorraine, sis en Vosge, distant de Remi- « remont...; à cinq lieues d'Espinal, de *Leseul* (Luxeuil) « en Bourgoine, de Fontenay-en-Vosge; à vingt lieues « de Chaumont en Bassigni; et de Borbonne-les- « Bains, de onze lieues... La région est fort sauvage « et froide, et n'y croist point de froment... Le vin « de la Belgique, que sottement nous appelons *vin* « *d'Allemaigne*, qui y est admené, est bon; ceux de « Bourgongne et autres lieux y arrivent. Le gibier, le « poisson, comme l'ombre et l'acon (qui n'est qu'un), « la truite, escrevisse à foyson, *satroules* (petites lam- « proies?) et autres infinies que descrit Ausonius se « trouver en la Moselle, laquelle n'est qu'à deux « lieues de là... Les herbages y sont deurs; n'y a « point de chicorée. Quant aux simples, en y a tant « qu'il se peut faire un autre Dioscorides [1], et toutes « incogneues (chap. 1er)... Le pays est si estrange, « agreste et sauvage qu'il en est beau pour n'avoir son « pareil en boys, rivières et montaignes; et ne sçay « lieu, pour l'esté, plus beau, pour cause de sa situa- « tion, comme plus amplement tu verras en mes *trois* « *livres latins*... » (Chap. IV.) Puis, indiquant la manière

1. Célèbre médecin grec, auteur d'un livre sur les plantes médicinales.

de prendre les bains à Plombières, il ajoute (chap. v): « Les Belges, Alemans et Suisses y sont jour et nuict, « beuvans, riaillans, dormans; et si longtemps qu'ils « ayent atteint le nombre des heures que leurs méde- « cins leur ont prescriptes et ordonnées, etc. »

Si Le Bon faisait, au bout de trois siècles, une apparition à Plombières, il y admirerait la transformation qui s'est accomplie, de nos jours, tant dans la ville que dans l'établissement des Bains, grâce à la puissante initiative de l'empereur Napoléon III.

§ 18.

Nous avons vu que Le Bon entrait volontiers dans le domaine de la politique. Voici à cet égard quelques emprunts que nous faisons à son recueil d'*Adages*, de 1577 :

Les François ont laissé leurs grandeurs en Italie.
Vespres de Sicile, Matines de France.
Mil cinq cens septante et six, le Champenoys à fin fut mis.
La Champaigne estoit bien grande;
Et si l'a mis le Rheistre en lande.
La Champaigne est, aux landes de Bordeaux, lande.
Le Rhin est plus nécessaire à la France que le Pô; et si le Pô est à elle,
Quand Paris boira le Rhin — Toute la Gaule raura sa fin.

Le Bon a, en outre, publié, sous la date de 1568, un opuscule intitulé : *Le Rhin au Roy, par le médecin de Mgr le Cardinal de Guise.* Mais il paraît avoir bientôt entouré son œuvre d'un certain mystère. En effet, en 1571, dans son *Etymologicon Françoys,* il en parle comme d'un travail achevé, mais qui n'a pas encore vu le jour, et dont le titre même n'est pas encore certain : « Le *Franc,* le *Françoys,* la *France* vient de son « creu et de son affranchissement et liberté qu'ils eurent « des Romains, comme j'ay démonstré en ma petite « *Franconymia, Gallonymia* et *Rhenopeia,* que j'ay « relimée *præter* [1] *Poetarum odium et invidiam.* » Il ajoute, en 1576, dans son traité des *Bains de Plombières* (chap. x) : « En la seconde édition, je te déclareray autres choses admirables... n'ayant sur moy « mes mémoires qui sont encore à Langres, à cause de « la descente des Rheistres et rongiments de Champaigne... desquels en ma *Franconymia* se déclaireront, par le menu, les exécrables maulx et forfaicts. » Enfin, en 1582, dans L'ORIGINE ET INVENTION DE LA RHYME, il répète avoir composé RHENOPOEIA *sive* FRANCONYMIA; et il se décide à ajouter que cet opuscule a été *imprimé sous autre titre, tant à Lyon qu'à Paris.* Mais il ne révèle pas cet autre titre et il ne fait connaître ni la date de l'impression, ni le nom de l'imprimeur.

Du Verdier analyse ainsi cet opuscule : « A l'imitation « du Danube, qui a parlé, par plusieurs fois, par pro-

1. *Præter, par de là,* est plus accentué que *propter, à cause de.*

« sopopée, aux empereurs romains, Le Bon introduit « le fleuve du Rhin, parlant au Roy, l'exhortant à le « venir voir et jouir de ce qui lui appartient; et, en ce « faisant, estre terreur à ces reistres qui viennent « fourrager la Lorraine et saccager la Champagne. »

N'est-il pas curieux de voir le médecin du cardinal de Guise rêver, pour la France, sous Charles IX, les frontières successivement conquises, depuis lors, par Louis XIV, Louis XV et Napoléon ?

La reproduction, en *fac simile,* pour les bibliophiles, d'une plaquette rarissime appartenant à l'histoire du XVIe siècle, ne saurait évidemment augmenter, en France, de douloureux et légitimes regrets; et encore moins provoquer, à l'étranger, ce que Le Bon appelle une *querelle d'Allemand.*

Les notes suivantes expliqueront, au besoin, ce qu'il pourrait y avoir d'obscur, pour quelques lecteurs, dans l'opuscule *Le Rhin au Roy* (1568).

F° A II. — *Le Rhin au Roy.* — Charles IX, décédé en 1574.

F° A III. — *Messeigneurs vos frères.* — Henri, duc d'Anjou, qui deviendra Henri III; et François, duc d'Alençon.

Ceste sage et divine Royne. — La reine-mère, Catherine de Médicis, veuve de Henri II.

Cest admirable et plus qu'humain Cardinal de Lorraine.

— Charles de Lorraine, cardinal de Guise (ministre de Charles IX), décédé en 1574.

Ce sainct Nestor, le Cardinal de Guyse. — Louis Ier de Lorraine, archevêque de Sens, décédé en 1578. Suivant un usage qui dure encore, Le Bon l'appelle *Monsieur de Sens.* Et comme ce cardinal, né en 1527, n'avait guère, en 1568, que quarante ans, Le Bon a soin d'ajouter, dans ses *Annotationnettes : Nestor n'est tant prins pour âge que pour sagesse et prudence.*

Fo A IV. — *Monseigneur vostre frère.* — Henri, duc d'Anjou, qui succédera à Charles IX en 1574.

Monseigneur de Guyse. — Henri Ier de Lorraine, troisième duc de Guise, dit *le Balafré*, massacré en 1588, au château de Blois, avec son frère Louis II de Lorraine, cardinal de Guise. Il était fils de François de Lorraine, deuxième duc de Guise (surnommé également *le Balafré*) que Le Bon appelle *grand Mars de ce siècle* et qui avait été assassiné en 1563.

Les deux vers latins de Le Bon, *Accedent vires*, etc., peuvent se traduire ainsi : *Des forces armées s'avanceront, dont s'effrayeront les Francs, les Chamaves et les Germains; et alors toi* (Rhin) *seras tenu pour vraie frontière* (de l'empire romain). — Les Francs (parmi lesquels les Chamaves) étaient des Germains établis entre le Rhin et le Weser, et qui maintenaient leur liberté contre la domination romaine.

Fo B III. — *Monseigneur le Revérendissime Cardinal de Borbon.* — Charles de Bourbon qui, en 1590, sera proclamé *roi de France* par le parlement de la Ligue catholique, sous le nom de *Charles* X, pour faire échec au roi légitime Henri IV, alors protestant.

Nous avons corrigé un petit nombre de fautes typographiques, telles que :

Achillades	pour	chiliades.
Allaubigné	—	alambiqué.
Attacher	—	attaquer.
Chamanes	—	Chamaves.

Emporte pour en porte, ou mieux, en supporte *la folle enchère.*

Tibulle	pour	Catulle.

Le Bon emploie, dans ses divers opuscules, certains mots tombés en désuétude depuis le XVIe siècle, tels que :

Ains	pour	mais.
Carme	—	vers.
Chorée	—	danse.
Débeller	—	vaincre.
Débouté	—	expulsé.
Et si	—	dès lors — pourtant.
Etiam	—	escient.
Fin	—	frontière.
Libelles	—	petits livres.
Mais que	—	pourvu que.
Marry	—	affligé.
Normes	—	règles, lois.
Oit	—	entend.

Pistole, monnaie de compte de dix livres tournois.

Plausiblement (si —) — avec autant d'applaudissements.

Séductions	pour	séditions.
Succéder	—	réussir.

Testonner, laver la *tête* à quelqu'un, lui tirer les oreilles.

Le Rhin au Roy.

PAR LE MÉDECIN
de Monſeigneur le Car-
dinal de Guyſe.

A PARIS,
Par Denis du Pré, Imprimeur, demeurant
en la rue des Amandiers, à l'enſeigne
de la Vérité
1568

Le Rhin au Roy.

l'Imitation & exemple du Danube, Syre, qui a parlé, par plusieurs foys, aux Empereurs Romains, je me suis asseuré de me présenter à vostre Majesté, comme estant joyeux de vous dire, en bien peu de langage, ce que de long temps j'avois sur le cueur. Qui est, Syre, qu'estant vostre &, à vostre Royaume, le seul front, entrée & advenue en vostre domination & monarchie, il me deult d'estre, si long temps, soubz main estrange, captif & désolé, au grand préjudice & ruine de la France. Vostre monde & pays est, par la providence de Dieu, borné, fortifié & remparé naturellement & divinement de tous les costés & circuits, de monts

& mers inaccessibles pour armée, hormis cestuy-cy mon endroict d'où vient, de toutes antiquités & mémoires des premiers hommes, le pernicieux & mauvais vent à la France, faulte d'estouper sa source & origine; chose facile à faire, quant à vostre Majesté et à voz forces. Et partant les feus Roys, qui ont prins garde à cecy & qui ont eu jouissance de moy & de ma Belgique, ont esté grands, grands dominateurs & Empereurs, & en sortent encores aujourd'huy. Il n'y a nation si forte ny guerrière qui ne soit soubtenue ou rembarrée mieulx par son voysin que par gendarmes lointains. Car les climats & contrées diversifient les esprits, températures & forces des hommes. Ainsi voysin à voysin, n'y a pas grande différence quand à l'un & à l'autre. Le Provençal se faict craindre à l'Espaignol; le Belge peut résister à l'Alemant; ou mutuellement entreprendre les uns sur les autres & les garder de passer plus outre. L'on sçait la Gaule Belgique estre plus puissante & plus forte que les

autres parties des Gaules (les Suysses exceptés) ny que leurs voysins mesmes estrangers. Ilz sçavent bien qu'ilz sont Gauloys & Françoys, ayants honte de le confesser publiquement, pour les laisser tousjours porter le joug de servitude. J'espère, Syre, veües les fidelles & fraternelles aliances qu'avés & aurés cy après en Europe, que me viendrés voir & jouyrés paisiblement de ce qui vous apartient. Ce faisant, serés terreur à ces irréligieux nègres qui viennent fourager la Loraine & gormander & saccager la Champaigne. Je suis dict fleuve Martial & belliqueux, & non sans bonne, juste cause & raison. Car qui est en paix de ma segneurie, il peut commander au reste de l'Europe. Je produy de bons guerriers ; & n'ont affecté les Romains par deça que de me bien garder, pour tenir les Gaules en seureté & pour venir à la conqueste de la Germanie. Avant Jesu-Christ, on approuvoit les légitimes nouvellement nés en mes ondes, comme initiables & consacrables par moy à l'art mi-

litaire. Qui me faict si bien espérer, c'est vostre prudence & vertu, & la divine union de mes seigneurs voz frères, qui sont de courage & magnanimité telle que pouvoit estre Alexandre le Grand en pareil âge, & mesmement vostre conseil qui ne fut jamais tel entre voz prédécesseurs en France. Dieu vous conserve ceste sage & divine Royne, qui n'a point eu sa pareille par le passé, soit en grandeur ou en bonheur; félicité. à mon jugement, qui ne doibt pas peu durer : raison est que :

Ædita de fati flumine nympha fuit.

Vous y avés au reste cest admirable & plus qu'humain Cardinal de Loraine & ce sainct Nestor le Cardinal de Guyse, desquels deulx l'un est très digne de gouverner un grand Empire & toute la chrestienté; & l'autre, pour son incomparable bonté, un perpétuel pontificat. Il n'y a nul qui, mieulx ny si bien, peuve mettre ordre à tel recouvrement qu'eulx; car je les tiens pour mes anciens filz & très fidelles à la coronne Gauloyse. Les ungs chascuns fiè-

cles portent tousjours personnages miraculeux, selon l'exigence & nécessités qui y peuvent survenir; desquels il se fault aider & les employer, puisque Dieu ne les faict si grands ny tels pour autre chose. Je ne veulx icy parler de voz gens de guerre. Les Romains n'estoyent grands que par le bon conseil, dont fut dict : Romanus sedendo vincit. *Ilz s'estudioyent, en après, de rapporter appellation & surnom des pays & royaumes qu'ilz avoyent vaincus & subjugués, qu'on appelloit lors* cognomina fœlicitatis. *Ainsi Monseigneur vostre frère, chef de vostre conseil & lieutenant général de vostre gendarmerie, rapportera quelque jour, aydant Dieu le créateur, de moy remis & restitué à vostre coronne, le surnom de* Rhenanus *ou plutost* Transrhenanus. *Monseigneur de Guyse est bon & expert nageur; il n'aura moins ce bornage affecté que feu son père, grand Mars de ce siècle, eut de Calais. Je l'ay jà veu; & me sembloit estre quasi remis en liberté. Par quoy ayant mil' moyens, sans les armes si besoing se faisoit, tas-*

chez qu'il ſoit chanté ce qu'on chantoit ſoubz Gratian, Empereur digne de ſon empire :

Nec Rhenum Gallis limitis eſſe loco :

Car ledict Gratian mit la borne des Gaules au Danube, ayant vaincu & débellé les Suédes. J'ay eſté appellé frère de la Moſelle. Quieſt-ce aujourdhuy qui me fera ceſt honneur, me voyant en ſervage ſi long temps? La France orientale voulut entreprendre ſur moy, avec ces Barbares voyſins, du temps de Valens, l'Empereur ; ſoudain il me fut dict :

Accedent vires, quas Francia, quasque Chamaves,
Germanique tremant ; tunc verus habebere limes.

Per ainſi on a eu touſjours eſgard à moy comme à la clef la plus néceſſaire & plus proufitable des Gaules. Qui ſoit vray que moy & toute la Belgique ne ſommes de petite importance, le proverbe des pères le monſtre & enſeigne ſuffiſamment, qui eſt tel :

Qui eſt ſeigneur de la Belgique,

Il eſt mieux que d'avoir l'Afrique.

Puiſque donc je ſuis de telle conſéquence, c'eſt mal adviſé, par le paſſé, à ceulx qui ont eu le gouvernement du Royaume, de n'y avoir adviſé, pourveu & remédié. N'eſt-ce pas un grand crèvecueur de voir braver un Rheiſtre en Loraine, qui auparavant eſtoit un pauvre chétif Lanſquenet. Il ne peult faire butin ſi toſt ny ſi bien qu'en France; il eſt hault & ſuperbe hors de ſon pays, en troupe, multitude & couvert d'armes ſociales; eſtonné, autant que nation du monde, quand il voit un ennemy en ſon pays, chez ſoy. Qui eſt le Françoys bien né, aymant, comme ſe doibt, ſa patrie mieulx que ſoymeſme, qui ne ſe contriſte fort quand il voit ès chartes, hiſtoires & livres, forgés en Alemaigne ou chez les ennemis des Gaules, noſtre Belgique eſtre appellée, peincte, hiſtoriée, gravée, la baſſe Alemaigne? Soufrant cela, nous ſommes bien deſcendus de la gloire de noz prédéceſſeurs; Car on diſoit de la rivière de Moſelle :

B

Pacis ut in mediæ gremio ſecura quieſcit.

Et pour le jourdhuy, nous ſouffrons le diɛ̃t fleuve n'eſtre pas ce que le Rhin deuſt eſtre; c'eſt bien loing d'eſtre au gyron de la France ou des Gaules. Si l'on ne pourvoit à telʒ ambitieulx voleurs (puiſqu'à cheval ilʒ ſont vrays Tartares), ils participeront juſques à la Meuſe meſme. Je ſuis le fleuve des hommes; la Seine doibt eſtre la piſcine des dames, damoyſelles, pucelles & vierges; nourrice de Paris; épithome & théâtre du monde. Les Gaules, remiſes en leur entier & rédintégrées, ne ſe peuvent pas garder ſeulement, mais conqueſter le reſte du monde, qui en auroit envie. Quant à ceſte mothe d'eau, Angleterre, deuſt-elle avoir demeuré juſque à préſent, pour avoir faiɛ̃t tant de maulx en France? Elle ne peult rien de ſoy, ny les Alemans auſſy; moins ceulx-là que ceulx-cy, pour l'empeſchement des eaues & le peu de force qu'ilʒ ont & ſauroient mettre ſus, ſans noʒ diviſions & ſéduɛ̃tions, qui, à mon advis, ne viennent en partie ſynon que pour n'avoir ennemy eſtranger. On a tant agguerri de gens qu'ilz ne peuvent qu'ilz ne s'aident de leurs meſtiers ſur celluy qui n'en peult mais & qui en porte la folle enchère. Les Romains, n'ayans plus d'ennemys, ne vouloyent raſer Carthage, pour là exercer la jeuneſſe & gens de guerre, pour les tenir en leurs devoirs & offices. Tous tels efforts & légères entrepriſes ne ſont rien quant à voſtre Majeſté indiſſoluble & monarchie; & s'en ira le tout en fumée. Car les hommes d'aujourd'huy ne ſont pas aiſés à mener, ny à manier; & lors meſmement quand, après un refroidiſſement, ilz voyent leurs entreprinſes moins ſuccéder qu'ilz ne penſoyent, ny, en icelle, meilleure police, ny plus de félicité, ains de très grand dommage, qu'en une autre. Un Royaume ne peult eſtre deffaict couſtumièrement, ſynon par un puiſſant ennemy eſtranger, aſſocié & ligué avec pluſieurs grands dudit Royaume, auſquels encores Dieu réſiſte ſouvent & touſjours, comme nous voyons aux histoires & monuments anciens. Quand Jules Cæsar veint ès Gaules, la plus-part luy estoyent frères, confédérés, libres & associés, desquels tous il s'aida à débeller le peu de reste. Ce peu de tumulte, qui est pour le présent, ne sera rien enfin, synon une destruction du plat pays & une hayne de Dieu & des hommes. L'homme ne peut aimer celluy qui luy porte dommage & luy diminue son bien, le travaille & luy oste son repos. Et partant, Syre, faictes étendre voz grandeurs & dominations & commandements jusques à voz fins et bornes de vostre patrimoine ancien. Que sauroit faire un Roy, digne de plus grande louange, excelence, triumphe, piété & justice, que de mettre son pauvre subject en tranquilité, concorde, seureté & paix perdurable? Je m'asseure, Syre, qu'après qu'aurés reborné vostre France, que vous, ny ceulx qui viendront après vous, n'auront jamais guerre, ny domestique, ny estrangère. Il n'y aura moyen de s'attaquer à un si puissant & victorieux Roy, ny d'aborder un empire invincible. Autre chose ne vous diray pour ceste heure, voyant voz affaires et occupations, synon, Syre, que si les Gauloys sont dicts Francs & Françoys, pour avoir jetté le joug de toute servitude & débellé toute nation ennemye & peuple qui' vouloit entreprendre sur eux, ne permetrés occuper & détenir ce qui apartient à vostre coronne, à homme qui soit. De façon, comme fermement je le croy, sera dict de vostre règne :

Rhenus
Non limes Gallis, sed modo Danubius.

FIN

ANNOTATIONNETTES

P*roſopopœia, Potamopœia, Rhenopœia* ſont termes, principalement le premier, uſités tant ès poëtes, orateurs & autres eſcrivains autheurs, & eſt une figure par laquelle nous faiſons parler & haranguer une choſe inanimée. J'ay voulu mettre cecy en avant pour autant que le poëte de Monſel faict, en poëſie, toute la deſcription des Gaules, pour luy ſervir en quelque choſe. Je ne parle en première inſtance que le devoir que je doibs à ma patrie & l'obéiſſance à mon Roy, m'ont eſmeu à ce faire. Car nous debvons procurer plus le bien publicque que le noſtre meſme & propre. Pour cauſe de brièveté, je n'ay faict mention de beaucoup d'hommes, comme de Monseigneur le Révérendiſſime Cardinal de Borbon, autant homme débonnaire & de ſingulier gouvernement que la terre en porte point. Quant à Monſieur de Sens, il verra quelque choſe de moy l'un de ces jours. Neſtor n'est tant prins pour âge que pour ſageſſe & prudence. On verra les illuſtrations des Gaules en poëſie, qui pourront contenter pluſieurs doctes perſonnages touchant l'origine des Gauloys & autres ſingularités d'iceux. La Germanie n'eſt tant difficile à débeller qu'on penſeroit bien; car autrefoys un petit Roy du Partoys, l'ayant vaincue, luy a baillé ce nom de Germanie, qui eſtoit le nom d'une de ſes places au Partoys : je laiſſe ce que tout le monde en ſçait. Les Alemans n'ont garde de le dire; teſmoing Melanthon, qui ſe rompd la teſte à en trouver autre origine et étymologie; mais l'on l'apprendra icy à la Vérité.

Quærunt unde ſuum nomen Germania cœpit?
A Partûm vici nomine dicta fuit.

De Paris, ce 15 Aouſt 1568.

ACHEVÉ D'IMPRIMER

PAR

LE 20 AOUT 1879.

www.ingramcontent.com/pod-product-compliance
Ingram Content Group UK Ltd.
Pitfield, Milton Keynes, MK11 3LW, UK
UKHW020340180726
13839UKWH00002B/828